S. FISCHER

Jagoda
Marinić

SHEROES

**Neue
Held*innen
braucht
das Land**

S. FISCHER

Erschienen bei S. FISCHER
2. Auflage April 2019

© 2019 S. Fischer Verlag GmbH, Hedderichstr. 114,
D-60596 Frankfurt am Main

Satz: Dörlemann Satz, Lemförde
Druck und Bindung: CPI books GmbH, Leck
Printed in Germany
ISBN 978-3-10-397453-9

Das Selbstverständliche zu Beginn:

Missstände anprangern heißt nicht, die Opferrolle einzunehmen. Und Held wird man nicht, indem man das Spiel von gestern spielt. Das ist ein Buch für all jene, die das längst wissen. Und für die anderen erst recht.

»One of the simplest paths to deep change is
for the less powerful to speak as much as they listen,
and for the more powerful to listen as much as they speak.«
Gloria Steinem

Helden von gestern

Eine kurze Notiz vorab oder
Vorwort zum Vorwort

SHEROES, was sollen das für Frauen sein?

Wer braucht schon Heldinnen im 21. Jahrhundert?

Genaugenommen niemand, klar. Helden sind heute ohnehin Eintagsfliegen. Niemand überlebt das lange. Big Men von Trump über Putin kämpfen für das Heldentum von gestern. Sie erheben sich dabei nicht nur über Minderheiten. Sie haben es auch auf die Mehrheit abgesehen: Frauen. Sie wollen den alten Helden noch einmal den roten Teppich ausrollen und die Frauen unterwerfen. Das Ergebnis bislang? Trump hat nun das weiblichste Repräsentantenhaus der US-amerikanischen Geschichte zum Gegenspieler.

Die Wiedergeburt des autoritären Mannes vollzieht sich in Zeiten, in denen die Rechte der Frauen hundertjähriges Jubiläum feiern. Herrschaft in Zeiten, in denen Frauen, die sexuell missbraucht wurden, mit #MeToo eine weltweite Debatte in Gang setzten. Während in Ländern wie den USA, Indien oder Frankreich ein regelrechtes Erdbeben die Folge war, bleibt es in Deutschland bei zaghaften Versuchen, dem Thema gerecht zu werden. Man könnte ja das Verhältnis zwischen den Geschlechtern unnötig belasten. Keine Welle, als wäre auch hier der Teppich über den Dingen die erträglichere Variante, gemäß De Maizières beschwichtigender Aussage: »Ein Teil dieser Antworten würde die Bevölkerung verunsichern.«

In den USA sind seit der Veröffentlichung von Weinsteins Machenschaften über zweihundert Fälle publik geworden, in denen Männer ihre berufliche Machtposition missbraucht haben. Diese Männer sind inzwischen ihren Job losgeworden. Nur einige von ihnen wurden gerichtlich belangt. Die Hälfte dieser Männer wurde durch Frauen ersetzt. Es bewegt sich einiges seit #MeToo. Doch in Deutschland läuft neben Dieter Wedel und einer Analyse des WDR, die dem Sender Probleme in diesem Bereich bescheinigt, nicht viel. Konkrete Folgen hat kaum jemand zu fürchten, da keine Namen fallen. In Frankreich und den USA entwickelte sich #MeToo zu einem regelrechten Erdbeben in der Berufswelt. Es veränderte die Geschlechterrollen, das Verständnis von männlichem Erfolg und den Umgang mit seinen dunklen Seiten.

Früher wären Männer einfacher durchgekommen. Es hieß, für so etwas gäbe es Gerichte. Andernfalls gelte die Unschuldsvermutung. Doch inzwischen geht es um mehr.

Feminismus nur für Eingeweihte?

Deutschland verschläft diese Chance. Man verleiht zwar Mr #MeToo, Ronan Farrow, den Deutschen Reporterpreis für die investigative Leistung, die Weinstein-Affäre ins Rollen gebracht zu haben, doch Deutschland selbst bleibt Zaungast der wichtigsten feministischen Debatte der letzten Jahrzehnte. Kein Journalist macht sich hierzulande einen Namen und recherchiert das Thema in vergleichbarer Größenordnung. Zu vieles bleibt im Vagen. In Deutschland gelangen weite Teile feministischer Debatten leider nicht über einen Kreis von Eingeweihten hinaus. Gleichzeitig werden Missstände kaum debattiert, geschweige denn angegangen.

In sechs deutschen Länderparlamenten liegt der Frauenanteil unter dreißig Prozent. Aufschrei? Wir wollen doch niemanden verunsichern. Den Typ Mann, der sich dadurch verunsichern ließe, schon gar nicht. Und was ist mit jenen Männern, die aufseiten der Frauen stehen? Männer, die sexuellen Missbrauch für ein Vergehen halten, das sie niemandem durchgehen lassen möchten? Die Angriffe auf Sexisten nicht als Angriff gegen sich selbst verstehen? Warum halten es diese Männer aus, wenn andere ihren guten Ruf schädigen? Müssten nicht solche Männer – statt sich von ominösen Behauptungen verunsichern zu lassen, dass die Erotik in Gefahr sei – eben genau das tun: klarstellen, weshalb sie mit dieser Art Männlichkeit nichts zu tun haben? Wann diversifiziert sich das öffentliche Bild der Männer, weil auch unterschiedliche Männer zu Wort kommen? Schneiden nicht jene machtbesessenen, selbstverliebten Alphatiere, die sich keine Grenzen zu setzen wissen, auch anderen Männern das Wort ab?

Wie steht es um Frauen und ihre Themen im öffentlichen Diskurs in Deutschland? Ja, es geht auch darum, wie Frauen repräsentiert werden, wenn sicher nicht nur darum. Weshalb wurde in Deutschland #MeToo nicht genutzt, um endlich öffentlich über sexuellen Machtmissbrauch so zu sprechen, dass es einer Aufarbeitung gleichkommt? Es wirkt beinahe so, als gäbe es in Deutschland kaum solche Vorfälle wie in Frankreich oder den USA. Und all die Debatten, die in anderen Ländern durch das Reden über #MeToo ausgelöst wurden? Fehlanzeige.

Was Deutschland noch aus #MeToo machen kann

In Deutschland bleibt uns, wenn wir diesen Moment nicht gänzlich verstreichen lassen wollen, eine weiche Debatte aus #MeToo zu machen. Da keine Namen fallen, doch Themen gesetzt werden, gilt es über das Geschlechterverhältnis neu nachzudenken und zu sprechen. Wieder über Repräsentation zu reden. Über die Grenzen des deutschen Feminismus und den Bedarf nach einer Bewegung, die Männer wie Frauen einschließt und eine Emanzipation für beide bedeuten könnte. *Es braucht eine Frauenbewegung, die auch mit »dem Mann« spricht.* Das mag paradox sein: Doch je klarer #MeToo absteckt, wo die Grenzen männlichen Machtmissbrauchs liegen, desto besser wird das Gespräch zwischen Männern und Frauen laufen. Es ist unerhört, und nur wenige machen sich das in seiner ganzen Dimension klar: Die Frau existiert politisch erst seit 100 Jahren.

Es gibt bei diesem Thema eine beeindruckende Datenlage. Soziologie, Forschung, Zahlen und Fakten. Über all das muss man sprechen. Ich habe mit SHEROES jedoch weder vor, die bekannten Fakten aufzulisten oder die Geschichte der Frau neu aufzurollen. Noch möchte ich darüber sprechen, welche gendergerechte Sprache es braucht, um besser über Frauenthemen zu sprechen. Ich respektiere alle laufenden Debatten und Ansätze, und doch möchte ich mit diesem Buch aus dem bekannten Fahrwasser treten und anders über das Frausein sprechen. Ich habe Fragen, die mir gängige Debatten nicht beantworten. *Aus meiner Sicht ist der Diskurs eingefahren und durchgekaut und genau deshalb nicht mehr in der Lage, eine Bewegung wie #MeToo nach Deutschland zu transportieren: Wir verlassen hierzulande den sicheren Boden der akademischen Konfliktlinien zu selten.*

Die Faktenlage ist mal mehr-, mal eindeutig. Die Wirksamkeit von Quoten ist international erforscht. *Und doch gelingt es Deutschland nicht, gerade in internationalen Vergleichs-Statistiken beeindruckende Ergebnisse zu liefern oder sich zu verbessern. Deutschland forscht und streitet Positionen aus, handelt aber nicht.* Ein Wandel der Kultur zwischen den Geschlechtern wird so schwierig zu erreichen sein. Zumal Veränderungen von Rollenbildern oft Generationen brauchen, bis sie messbar werden. Und im Alltag selbstverständlich.

Ich habe stattdessen das Bedürfnis nach einem Gespräch, auch mit Männern, in dem es nicht um Durchsetzen geht, sondern Annäherung. Ich bin überzeugt, dass Frauen lernen müssen, ihre Repräsentation klarer einzufordern. Ich möchte an dieser Stelle nicht wissen, ob ein Mann einer Frau die Tür aufhalten soll, oder ob die Quote notwendig ist, damit auch Frauen die Welt beherrschen. Das sind Debatten, die laufen – verändert haben sie bislang in Deutschland noch zu wenig. Es gibt Studien dazu, gängige Debattenstränge und natürlich unterschiedliche Ansichten. Wer mehr Informationen für dieses Pro – Contra sucht, der wird in SHEROES nicht fündig. Klappe zu! Danke sagen und ein anderes Buch wählen.

Ein Gespräch zwischen Männern und Frauen

Wer jedoch Fragen stellen möchte, Frauen wie Männern, der ist hier richtig. Wer meint, das sind Gespräche, die nicht nur auf Podien, sondern auch abends am Esstisch, in intimen Momenten, bei Spaziergängen geführt werden sollten, darf gerne weiterlesen. SHEROES sind all jene, die den Mut finden, dieses Gespräch zwischen Mann und Frau zu beginnen. Die dabei nicht die eigenen Ansprüche vergessen, oder die überlebenswichtigen Waffen. Aber auch nicht die Empathie. Auch nicht das grundlegende Bedürfnis aller Menschen nach Anerkennung. Am Ende des Ganzen steht hoffentlich ein Gespräch, in dem etwas klarer wird, welche Kraft Frauen brauchen, damit sie spüren, wie sie für eine Welt kämpfen können, an die sie glauben und in der sie leben wollen. Welche Frauen müssen wir dafür im Privaten und in der Öffentlichkeit erleben?

Ich möchte zudem wissen, was für Männer das sind, die ihre oder andere SHEROES lieben und was auch Frauen dafür tun könnten, dass es mehr solcher Männer gibt. Ich entschuldige mich jetzt schon dafür, dass ich Frauen und Männer nicht klarer abgrenzen kann in Gute und Böse. Es gibt keine klaren Striche mehr. Nicht in Zeiten, in denen die Fronten so unklar sind wie in diesen: Eine kritische Masse weißer Frauen haben Donald Trump zum Präsidenten gewählt. Mehr als eine Handvoll alter weißer Männer bekämpfen Trump und seine Migranten- und Frauenfeindlichkeit, als ginge es um die letzten Tage der Demokratie. Wir müssen viel genauer hinsehen. Trotzdem werde ich verallgemeinern müssen, ungerecht werden. Nehmen Sie es als Diskussionsangebot. Empören Sie sich. Jede Empörung, jedes Missverständnis ist eine Gelegenheit zur Vertiefung der Kommunikation.

Es braucht Vorbilder, um zu werden, wer wir sind

Auch in Deutschland wird, aufgrund einer erstarkenden Rechten, die Antifeminismus zu Feminismus umzudeuten versucht, zunehmend der Missbrauch feministischer Diskurse für ausländerfeindliche Zwecke genutzt. Hier agiert der deutsche Feminismus äußert klug, solidarisiert sich mit Schwächeren, gestattet nicht, den vermeintlichen Schutz von Frauen vorzuschieben, um Minderheiten ihre Schutzrechte zu nehmen. Doch auch hier sind es oft Frauen, die

einerseits schweigen, wenn eine Studie publik ge-
macht wird, nach der jede Woche in Deutschland
drei Frauen getötet werden. Die andererseits sexuelle
Kriminalstraftäter – sobald sie migrantischen Hinter-
grund haben – nicht im Land dulden. Es ist derselbe
Typus Frau, der auch Trump wählen würde, obwohl er
Frauen strategisch erniedrigt. Man muss heute fragen,
welche Frauen wir in der Öffentlichkeit brauchen, um
Feminismus nicht gegen andere Frauen oder ethnische
Minderheiten zu wenden. Weil jeder Mensch auch
Vorbilder braucht, ein Außen, dem das Innere nach-
wachsen kann. Das menschliche Gehirn lernt auch
durch Nachahmung – daher wird es uns beeinflussen,
was wir vorgelebt sehen. Wir brauchen neue Helden.
Und mehr denn je brauchen wir Heldinnen, die sich
selbst erfinden.

Die Frage, die SHEROES zugrunde liegt, ist jedoch vor allen anderen diese: Was ist die Kraft, die all
jene Frauen mobilisiert hat, die jetzt in den USA im
Repräsentantenhaus sitzen? Es sind Frauen, die zu-
gleich Teil von Minderheiten sind, Minderheiten, die
Trump meint aus dem Land diktieren zu können, wie
es ihm gefällt. Frauen, die wie Alexandria Ocasio-Cortez schon mit Mitte zwanzig sagen: Ich brauche einen
Platz an diesem Tisch! Ich lasse mich nicht mehr reprä-
sentieren, ich bin selbst da. Ein Repräsentantenhaus so
weiblich wie nie. Frauen mit Kopftuch, queere Frauen,
dunkelhäutige Frauen. Ihr Sieg stärkt den Zweifel

daran, ob Quoten die richtige Antwort auf alle Miss-stände sind: Hätten Quoten diese Kämpferinnen be-fördert – oder nicht eher jene, die auch konform und bequem in den Netzwerken sitzen und sich privilegiert beim Kaffeeklatsch nach oben helfen? Wären es nicht wieder nur jene etablierten reichen, vorwiegend weißen Frauen, die sich, wenn sie erst in den Vorständen und Spitzenpositionen sitzen, nicht unterscheiden von den Männern, die zuvor an ihrer Stelle saßen?

SHEROES, das sind jene Heldinnen, die einen Kampf hinter sich haben. Für sich oder für andere. Jene, die sich etwas zu nehmen wussten, von dem andere dachten, dass es ihnen nicht zustünde. Die nicht immer stark sind, aber die es sein können, wenn es drauf ankommt. Die, sobald sie sich Einfluss erkämpft haben, ihre Kräfte nicht nur darauf vergeuden, ihre Privilegien zu sichern, sondern sie auf andere auszuweiten. SHEROES sind jene, die, allen Gewalten zum Trotz, die werden, die sie sind. Sie sind weder allmächtig noch heldenhaft im üblichen Sinn. Heldinnen sind sie, weil sie den Prozess zulassen. Michelle Obama hat ihre Biographie danach benannt: »Becoming« (»Werden«). Wie gelingt es Frauen, diese Stärke zu finden? Weil sie Bilder in sich gefunden haben, die ihnen weder die Medien noch die Politik, weder Märchen noch die eigenen Eltern vorgelebt haben. Solche Frauen können nicht aufhören zu kämpfen, in jedem Bereich, der ihnen wichtig ist, und sei es ihr kleiner Alltag. Sie sind SHEROES, weil sie dadurch in anderen Frauen etwas auslösen, was diese an ihre eigene Stärke erinnert. Weil sie endlich jene Bilder liefern, die wir alle brauchen.

Wir sehen zu viele Bilder von wehrlosen Frauen. Doch es gibt viele Archetypen des Weiblichen. Vielleicht haben Frauen sich zu oft als Opfer dargestellt gesehen, um in solchen Momenten anderes Verhalten abrufen zu können. Fast jeden Abend wird im Fernsehen eine Frau zum Opfer gemacht und ihre Opferrolle durchdekliniert. In den meisten Geschichten tragen Frauen nicht die Story, sondern halten sie aus. Es ist höchste Zeit, über andere Geschichten zu sprechen. Nicht nur gegen die Welt kämpfen, wie sie ist. Sondern für die Welt und wie man in ihr leben möchte.

Vorwort

Wenn Heldinnen sprechen oder:
Bloß kein Mädchenfeminismus

Warum hat Feminismus so lange keine Rolle gespielt in meinem Reden und Denken? »Wir sollten alle Feministinnen sein«, schreibt die nigerianische Feministin Chimamanda Ngozi Adichie. Beyoncé baut Adichies Sätze in ein Musikvideo, das Buch wird gekauft, gelesen, geliebt. Klar sollten wir alle Feministinnen sein, weil es um Rechte für Frauen geht und man als Frau bei Verstand einfach nicht dagegen sein kann, für die eigenen Rechte zu kämpfen.

Und doch konnte ich lange mit Feminismus nicht viel anfangen. Oder war das der deutsche Feminismus, der mir fremd blieb? Ich schätze natürlich die Errungenschaften der Generationen vor mir. Doch da war eine Tonart, die mich nicht ganz abholte. Ich habe mich zwanzig Jahre lang geweigert, über Frauenthemen zu schreiben, weil mir Feminismus, wie er in Deutschland gelebt wurde, Schwierigkeiten bereitet hat. Der Gipfel des Ganzen war schließlich: Warum ist hierzulande #MeToo in derselben Dimension wie in den USA oder Frankreich nicht denkbar? Ganz hinterhältige Zungen meinen, es läge an dem insgesamt guten Zustand der Gleichberechtigung für Frauen in Deutschland. Es läge vielleicht sogar daran, im deutschen Arbeitsumfeld auf weniger sexualisierte Gewalt zu treffen. Ich halte das für Schönfärberei der gefährlichsten Sorte: Wer Missstände nicht einmal erkennen kann, bleibt für immer farbenblind. Doch was ist schon ein Missstand in Zeiten, in denen Frauen per Grundgesetz die Gleichberechtigung garantiert bekommen? Zeiten, in denen es Frauenbeauftrage und Zuständige für Antidiskriminierung gibt? Der kulturelle Wandel, die Arbeit am Bewusstsein über Geschlechterrollen, ist der schwierigste. Momentan dürfen – aus einer Panik vor einer angeblichen neuen Übermacht der Frauen – gerade jene Frauen am lautesten schreien, die meinen: »Frauen! Wer heute noch nicht da ist, wo er sein möchte, ist selbst schuld. Wer bei #MeToo nicht entschieden ›Nein!‹ sagt, hat seine Autonomie noch nicht verstanden und die Verantwortung, die damit einhergeht.«

Ich erinnere hier nur an über zweihundert Männer, die in den USA ihre Position verloren haben: von Regierungsmitgliedern über Medienschaffende, oftmals ersetzt durch Frauen. Auch wenn eine Frau erfolgreich Grenzen setzen könnte, wäre der Mann, der sie zu diesem Moment zwingt, beruflich zu belangen. Gerade im beruflichen Kontext darf #MeToo nicht verwässern. Der Übergriff steht niemandem zu. Wenn der Versuch, die berufliche Macht zu miss-

brauchen, erfolglos blieb, hat der Mann (in Macht-
positionen könnte es natürlich auch eine Frau sein)
ebenfalls die Verantwortung zu übernehmen. Es ist
nicht Aufgabe der Frauen, ihre Chefs daran zu hin-
dern, sexuell übergriffig zu werden. Autonomie ist:
sich in seinem Berufsumfeld frei bewegen zu können,
ohne Verantwortung übernehmen zu müssen für das,
was einem ohnehin zusteht: sexuelle Selbstbestimmung.

Unklare Debatten, unentschiedene Positionen

Genau das wird in Deutschland dennoch kreuz und
quer debattiert. »Ja, darf ich dann einer Frau überhaupt
noch ein Kompliment machen?«, fragen manche, und
man wundert sich irritiert, wie sie dorthin gelangen.
Man müsste zurückfragen: »Wenn du eine Frau liebst,
willst du für diese Frau einen Mann als Vorgesetzten,
der davon ausgeht, dass, solange er sie bezahlt, er ein
Anrecht habe, sie zu missbrauchen für seine Machtge-
lüste, auch sexuell?«

Die Verschiebung des eigentlichen klaren Diskur-
ses um #MeToo beginnt jedoch auch dort, wo Frauen
über ihre Anliegen sprechen. Meine Generation tritt
oft in diesem Ewige-Mädchen-Modus auf, vielleicht,
um nicht zu klingen wie Alice Schwarzer, die viele als
machohaft empfanden. Ich kann das verstehen, dass

man nicht den weiblichen Macho raushängen möchte. Die Autorinnen Elisabeth Raether und Jana Hensel zum Beispiel nannten ihre feministische Kampfansage für einen Feminismus nach Alice Schwarzer »Neue deutsche Mädchen«. Das hat mich damals schon so genervt, dass ich dieses Buch nicht lesen und an den Debatten nicht teilnehmen wollte. Als wäre das Fräuleinwunder der einzige Ausgangpunkt, in dem die Frau im öffentlichen Raum denkbar ist.

Selbiges galt auch für den Literaturbetrieb. Ich erinnere mich an die Zeiten, als die Autorin Judith Hermann mit »Sommerhaus später« ihre literarischen Erfolge feierte. In Frankfurt hörte ich die Herren Literaturkritiker, wie sie sich auf den Weg zur Lesung von »dem Mädel« machten. Ich entgegnete, die sei doch fast dreißig. Die Männer nickten, ja, aber doch noch ein Mädel. Das Ende der Mädchenzeit muss für viele Männer hierzulande der Tod sein, dachte ich. Und die Frauen spielen das mit. Sie stehen oft, zu oft, da, sprechen plötzlich höher, als sie es eigentlich tun, und erzeugen eine Aura der Harmlosigkeit, auf die man sich nicht reduzieren müsste. Nicht nur die Tonlage der Stimme macht das, auch die Art zu sprechen, immer ein bisschen lieblich, schön lang gedehnte Vokale und ganz viele Denkpausen aus »Geee-nau«. Natürlich, es kann keiner etwas für seine Stimme, aber es gibt bei deutschen Frauen, auch unter Feministinnen, diese Unart, auf harmlos zu machen und gleichzeitig heftig auszuteilen. Diese Unentschlossenheit haben viele zum Mittel ihrer Wahl gemacht. Frauen, die einerseits etwas anprangern, aber dabei ihre Kraft zurücknehmen, als hätten sie Angst, die Mädchen-Zone zu verlassen. Das Direkte, das »So nicht!« fehlt oft. Und die Antwort, wie es eigentlich gewollt ist, fehlt auch. Das bezieht sich eben nicht auf #MeToo und Momente des sexuellen Übergriffs. Hier darf niemand beschuldigt werden, wenn er paralysiert reagiert. Diese Unentschlossenheit bezieht sich vielmehr auf die Verortung der Frau: Von wo aus spreche ich? Und mit wie viel Kraft?

Dann sind da Frauen, deren Leben keinen Mädchenmodus zulässt. Die früh erwachsen werden, die in Umständen feststecken, die es ihnen kaum möglich machen werden, Teil der öffentlichen Debatten zu sein. Wer spricht für diese Frauen? Und wird der Mädchenmodus in irgendeiner Weise ihren Missständen gerecht? Ist Feminismus ein koketter Button, den man sich ansteckt? Oder muss man sich fragen, wie man das Licht auch auf jene wirft, die keine Chance haben, schon gar nicht auf Scheinwerferlicht? Die nicht über Quoten und berufliche Erfolge reden können, sondern zunächst im Alltag überleben müssen? Wie schafft man den Spagat? Wie setzt man seine Themen auf die Agenda? Es geht nicht um einen Glamourfeminismus. Oder um berufliche Erfolge allein.

Die großen Debatten – auch ein Gespräch für, von und mit Frauen

Es geht zurzeit darum, über die Kraft zu sprechen, mit der sich eine Frau ihren Raum nimmt, auch gegenüber Männern, die es gewohnt sind, selbstverständlich große Teile des öffentlichen Lebens für sich zu beanspruchen. Im deutschen öffentlichen Leben ist der redende Mann Normalität. Im öffentlich-rechtlichen Rundfunk ist der denkende, das Zeitgeschehen einordnende Mann nach wie vor die Regel. Internationale Politik in Talkshows? Nur wenige Frauen gelangen über die Wahrnehmungsschwelle der Talkshow-Gastgeber. Die Philosophie-Sendung von Richard David Precht beispielsweise ist eine öffentlich-rechtlich finanzierte Sendung und fast eine frauenbefreite Zone. Das öffentlich-rechtliche Fernsehen hat jedoch dafür zu sorgen, dass das nationale Gespräch auch die Themen von Frauen einbezieht. Es heißt dann gerne, das Geschlecht spiele keine Rolle, sondern die Expertise. Frauen scheinen hier nur Expertise für Frauenthemen zu haben. Migranten nicht einmal für Migranten, wenn es danach geht. Die Forderung nach angemessener Repräsentation von mehr als der Hälfte der Bevölkerung ist keine Koketterie um Macht. Es ist überlebensnotwendig, in einer Debattengesellschaft in Debatten wahrgenommen zu werden.

Stattdessen erklären Männer nach wie vor die Welt. Wieder, leider, ein bestimmter Typus Mann. Doch es geht nicht um Mansplaining. *Das Deprimierende an Mansplaining ist, dass Männer oft nicht im geringsten interessiert daran sind, Frauen irgendetwas zu erklären. Sie kommen sehr gut klar in Vorständen ohne Frauen, in Männerrunden ohne Frauen.* Der Moment, in dem ein Mansplaining-Typus Mann eine vor ihm stehende Frau volltextet, ist immerhin der Moment, in dem eine Frau über seine Wahrnehmungsschwelle kommt. Das Unglaubliche an unserer Zeit: Noch immer gibt es zentrale gesellschaftliche Bereiche, die so dominiert sind von Männern, dass die Abwesenheit von Frauen nicht auffällt. Oder höchstens als angenehm.

Die wichtigen Gespräche werden unter Männern geführt. Männer hierzulande sind oft gewohnt, dass Frauen sich zurücknehmen. Mansplaining ist bei vielen schon eine erste leichte Form, sexuelles Interesse auszudrücken. Interessant, dass sie noch immer den Glauben haben, Frauen gefiele der Mann, der sich selbst als klug darstellen kann. Und nicht etwa einer, der zuhört. Oder da ist. Was tragen Frauen dazu bei, dass Männer meinen, sich auf diese Weise von ihrer guten, männlichen Seite zu zeigen?

Dieses Relikt der Mann-Frau-Beziehung zieht sich bis ins Paarleben hinein: In keinem Land, das ich besser kenne, erlebe ich so viele Frauen, die dem Mann beruflich den Rücken freihalten und als Dank dafür akzeptieren, dass er jeden Abend bis spät in die Nacht »Termine« hat. Deutschland hat durch sein Ehegattensplitting, das indirekt eine Herdprämie war, das Gleichgewicht der Geschlechter in Deutschland nachhaltig traumatisiert. Einerseits liegt die Ernährer-Bürde auf dem Mann, dem Versorger, der liefern muss. Andererseits die Rolle der Unterstützerin bei vielen Frauen. Die meisten deutschen Frauen arbeiten nach dem zweiten Kind nur noch in Teilzeit. Abgesehen von den staatlichen Defiziten in der Kinderbetreuung, warum sagen die Frauen hier nicht zumindest: Wenn ich dir tagsüber den Rücken freihalte, dann könntest du ja auch auf die Idee kommen, mir abends meinen zu massieren? Oder für die Familie da zu sein. Aber nein, mädchenhaft ertragen sie, bis sie irgendwann heftig Reißaus nehmen. Oder einen anderen Versorger finden. Ich kenne Länder, da heißt es: »Schatz, du hast Karriere, aber du hast auch Familie – und dann endet die Karriere eben um 17 Uhr.« Nach dem Motto: Sonst macht mir ein anderer die Kinder. Eine Ansage eben.

Solche Ansagen mögen erfolgreiche deutsche Männer nicht. Eine der Anekdoten, die Barack Obama gerne über seine Frau Michelle erzählt: Als er nach einer Rede von der Bühne stieg und nach Feedback fragt. Ihre Antwort? »Natürlich warst du gut! Und vergiss bitte nicht, später Toilettenpapier mitzubringen.« Dem Mann seine Arbeit zu lassen, aber ihn nicht wichtiger zu nehmen als die anderen Dinge, die das Leben spielt – vor allem die banalen, die hier oft die Frau wegorganisieren darf. In Skandinavien wurde sogar die Regel eingeführt, dass alle für das Unternehmen relevanten Termine so anzusetzen sind, dass sie die staatlich geregelten Zeiten für die Kinderbetreuung berücksichtigen. Andernfalls hat immer der Mann den Vorteil, kommt später nach Hause, und erzählt dann der Frau, die das Kind abgeholt hat, was für ihn mit der dadurch frei gewordenen Zeit beruflich möglich wurde. Für viele deutsche Frauen ein Rollenbild, an das sie sich nicht zuletzt deshalb gewöhnt haben, weil es im öffentlichen Diskurs hier zwar die Rabenmutter, jedoch nicht den Rabenvater gibt. Beschimpft wird nur die Mutter, die nicht verfügbar ist. Doch wie schafft man Bilder von Frauen, die sich diesen Klischees widersetzen? Wie findet man einen Partner, der die Unterstützung der Frau nicht als Einschränkung seiner eigenen Freiheit versteht? – Den jetzigen Status quo erhalten diese Männer schließlich fast kampflos.

Ein Zeitalter der starken Frauen

Viele Frauen weltweit arbeiten derzeit an einem neuen Entwurf des Weiblichen. An der Darstellung neuer weiblicher Stärke – im beruflichen, privaten und öffentlichen Raum. Ein interessantes Projekt, an dem die Fotografin Annie Leibovitz mit der US-Feministin Gloria Steinem arbeitet, heißt »Women. New Portraits«. Ein Fotoprojekt, das Leibovitz noch vor der Jahrtausendwende mit Susan Sontag entwickelt hatte. Die Bilder zeigen Frauen, die »etwas erreicht« haben. Die Bilder sollen veranschaulichen, wie stark die Frauen in nur wenigen Jahrzehnten geworden sind. Eine visuelle Geschichte der weiblichen Kraft. Steinem und Leibovitz sind jede auf ihre sehr unterschiedliche Art Feministin. Sie inszenieren weltweit vielfältige Bilder von SHEROES. Es wird diese Vielfalt brauchen, um zahlreiche Frauen mit auf den Weg zu nehmen – und Männern das Gefühl zu geben, Feminismus sei auch ein Weg für Männer.

Es gibt keinen Feminismus von der Stange. Feminismus kommt nie prêt-à-porter. Jede Frau muss einen Feminismus finden, den sie sich anziehen möchte. Und doch gibt es einen Satz derzeit, der viele Feministen, Frauen wie Männer, verbindet: »Genug ist genug.« Es ist Zeit für ein Zeitalter der starken Frauen. Doch wie stark sein, ohne nur dagegen zu sein? Ohne die Männer zu verlieren?

Ich bin erleichtert, wenn ich in den Reden Michelle Obamas diese Stärke sehe. Eine Frau, die Feminismus als Kraft lebt. Michelle Obama stellt sich vor die Menschen und sagt: »Ja, das tut weh, wenn irgendein Vollidiot auf der Straße meint, er habe das Recht, sich zu deinem Aussehen zu äußern, ganz gleich, wie du dich dabei fühlst.« Sie erklärt dann aber nicht, warum das so schlimm ist. Das ist jeder Frau klar. Und den anderen müssen wir es nicht erklären, sondern Respekt für unsere Grenzen einfordern. Obama sagte: Genug ist genug. Und bewegte mit dieser Ansage die Welt. Es muss nicht jede Feministin Freizeitsoziologin sein und mit Studien um sich werfen. Keine Frau muss die Geschlechterrollen dekonstruieren, um Feministin zu sein. Michelle Obama zog wenige Tage nach ihrer Rede gegen Trumps Sexismus eines ihrer spektakulärsten Kleider an und ließ sich darin feiern. Genug ist genug. Ich bin wie ich sein möchte. Auch Feminismus war lange Zeit eine Zwangsjacke für manche Frauen. Trotz der Verbesserungen, die er mit sich brachte, sprach der Feminismus für viele Frauen zu selten von Freiheit. Und der weiblichen Heldenreise.

Selbst wenn die Zahlen in den USA nicht besser sind als in Deutschland, eines lässt sich lernen von dem Land, in dem die Frauen gerade erst entscheidend dazu beigetragen haben, die Mehrheit im Repräsentantenhaus zurückzuerobern: Empowerment. In Deutschland fehlt noch zu oft dieses Moment der Ich-Stärke, mit dem man beginnt, die Regeln selbst festzusetzen. Ja, hier werden Forderungen nach Quoten laut, nach Parität auf den Wahllisten. Doch mehr noch als das müsste man Räume schaffen, in denen Frauen die Kraft finden, ihren Weg zu gehen.

Mehr Männer denn je auf der Seite von Frauen

Dabei haben die Frauen im Repräsentantenhaus das geschafft, wovon der intersektionale Feminismus träumt: Es sind Vertreterinnen von ethnischen und sexuellen Minderheiten an die Macht gekommen, die Themen von Menschen auf die Agenda setzen werden, die bisher fehlten. Es geht nicht nur um gleiche Macht für alle. Es geht vor allem um mehr Macht für jene, die den Blick zu Menschen lenken, die keinen Zugang zur Macht haben und die, solange Macht und öffentlicher Einfluss einem bestimmten Typus Mann vorbehalten sind, auch nicht ins Blickfeld der einflussreichen Menschen geraten werden. Es wird keine Politik für ihre Anliegen geben. Es wird über sie bestimmt werden. Für den Arbeitsmarkt sind sie modellierbare Masse. Ein Einsatzheer im Feld der Billiglohnarbeiter. Für so manche Männer sind gerade sozial schwächere Frauen nicht mehr als Objekte.

Das Gute am 21. Jahrhundert? Noch nie standen uns Frauen so viele Männer zur Seite, die diese überholte Form des Mannseins ablehnen. Noch nie haben so viele Männer vorgelebt, dass sie die Stärke in Frauen nicht fürchten, sondern bewundern – vielleicht sogar brauchen, um sie zu lieben. Als Barack Obama ins Weiße Haus zog, sah man ein Bild im Aufzug, auf dem er Michelle innig den Kopf an die Stirn legte. Ihre Nähe war auch Teil der Aura dieses Präsidentenpaars.

Frauen haben in der Liebe nicht mehr nur den Rücken freizuhalten, im Gegenteil. Viele Männer möchten von den alten Frauenbildern erlöst werden. Nicht zuletzt, weil sie interessantere Partnerinnen erwarten und weil auch Männer dadurch die Möglichkeit erhalten, sich neu zu erfinden. Die Emanzipation der Frauen ist auch eine Befreiung der Männer von den Rollen, in denen sie feststecken. Nicht immer zu ihrem Glück.

Auch Männer für den Feminismus zu begeistern bedeutet nicht, dass man das Feindbild »Patriarchat« aufgeben muss. Doch als Kollektiv ist es zu eindimensional. Nicht jeder Mann ist Patriarch oder möchte es sein. Das Patriarchat muss gesichtet werden nach seinen Vertretern und Merkmalen, damit auch Männer sich gegen diese Form des Mannseins wehren können.

Männer können ebenso gut gegen Patriarchen kämpfen wie Frauen. Weil auch Männer Frauen achten. Weil Männer ihre Töchter lieben. Weil sie selbst mehr sein möchten als ein Patriarch. Der Mann im 21. Jahrhundert mag zwar verwirrt sein, doch gleichzeitig wittert er Chancen für etwas Neues in sich.

Feministinnen, die diesen neuen Mann nicht mitdenken, werden sich selbst nicht neu erfinden können. Sie werden dadurch, dass sie in Männern das alte Patriarchat bekämpfen, in alten Frauenrollen stecken bleiben. Wer sich verändern möchte, muss diese Veränderung auch den anderen gestatten.

Nicht erklären, sondern Respekt
für Grenzen einfordern

In Deutschland wird für Feminismus zu oft im Stil
einer Seminararbeit argumentiert. Manchmal darf in
diese Seminararbeit hier und da etwas Fäkalsprache
einfließen, manchmal möchte man einfach Grenzen überschreiten, verwendet dann US-Slogans wie
#WhiteMenAreTrash ohne tieferen Kontext. Das
finden dann einige rebellisch. Dabei ist es das neue
Konform. Es bleibt eine Seminararbeit, nur eben mit
Fäkalsprache. Es bleibt im alten Dualismus zwischen
Mann und Frau verhaftet. Es bleibt vor allem – und das
ist die eigentliche Schwäche des Feminismus hierzulande – eine sehr, sehr einsame Sache.

Ein globaler Feminismus

Während man hier nach den Ungerechtigkeiten nur
in der eigenen Lebenswelt sucht, ist das Schicksal der
Frauen weltweit oftmals nebensächlich. Eine Schwäche übrigens, die der rechte Diskurs gut auszunut-
zen weiß. Kaum eine deutsche Feministin spricht
über den oft eingeschränkten Zugang zu Bildung für
Frauen weltweit. Es gibt Frauen, die gegen den IS in
den Krieg ziehen, und für diesen Kampf sterben. Wie
viele Frauen werden weltweit weiterhin strategisch

vergewaltigt, um Kriegsziele zu erreichen? Der weibliche Körper ist noch immer taktische Masse für eine verrohte Männlichkeit in Kriegszeiten. Auch das wäre ein Gesprächsstrang, den die nationale Debatte in Deutschland braucht, nicht zuletzt, weil hier Millionen Menschen aus Krisen- und Kriegsgebieten Schutz gefunden haben. Deutschland ignoriert zu viele der globalen Kämpfe der Frauen. Wir bereiten uns nicht vor auf die neue Dimension von Männer- und Frauenbildern, die mit der jüngsten Einwanderung zu uns kamen.

In Spanien beispielsweise waren in den Tageszeitungen bewegende Nachrufe zu Asia Ramadan Antar zu lesen. Asia Ramadan Antar war eine junge syrische Kurdin, die gegen den IS kämpfte. In Deutschlands Redaktionen wurde ihr Schicksal hier und dort aufgegriffen, ihre Ermordung fand jedoch nicht annähernd das Echo, das ihre Geschichte in wichtigen spanischen oder anglosächsischen Zeiten auslöste. Die 1997 geborene junge Frau wurde zum feministischen Symbol des Kampfes gegen den IS – und dabei die kurdische Angelina Jolie genannt. Eine Frau, die kein Leben in Glanz und Glamour lebte, wird selbst als Kämpferin auf ihr Aussehen reduziert. In Deutschland kennen nur wenige Asia Ramadan Antar. Eine breite Debatte über die Kriegerinnen des IS gab es kaum. Auch das zeigt: Feminismus wird dort ausgehöhlt, wo er sich ständig in den gleichen Pros und Contras aufhält.

Hierzulande wird oft über Dinge diskutiert, die man sich längst selbstverständlich herausnehmen dürfte, wenn man genug Ich-Stärke hätte. Und ausreichend Verbündete. Es gibt jedoch Kampfzonen, in denen geht es um Leben und Tod. In denen geht es um Krieg und Missbrauch. Wer von Solidarität für Frauen spricht, muss eine globalisierte Perspektive einnehmen und kann nicht erwarten, dass die eigene Strukturschwäche über allem steht. Das Weibliche ist immer auch ein Kollektiv der Verletzbarkeit. Eine Geschichte von Aneinanderreihungen solcher Verletzbarkeiten: Die argentinischen Mütter der Plaza del Mayo, die noch vierzig Jahre nach der Militärdiktatur die Verschwundenen suchen, die Frauen von Srebrenica, deren Männer verschollen sind. Es sind solche Frauenbewegungen, die uns an die Liebe der Frauen für Männer erinnern, die Gewalt mancher Männer anprangern. Globale Krisenherde, die uns daran erinnern, die Opfer im Gedächtnis zu halten, und zu differenzieren. Eine erfolgreiche Frauenbewegung kommt ohne diese Verbindung zu weltweiten Frauenbewegungen nicht aus.

Altmodische Solidarität:
Women's March on Washington

In den USA erwuchsen die Menschenrechtsbewegungen der sechziger Jahre aus einem starken Gemeinschaftssinn. Altmodische Solidarität zwischen allen Bürgerrechtsbewegungen, wie sie sich beim »Woman's March on Washington« auf den Straßen erneut zeigte. Bis heute spürt man das Erbe dieser Vernetzungen und Strukturen: Michelle Obama sprach als Vertreterin einer Bewegung, der zig berühmte und weniger berühmte Frauen vorausgegangen sind. Zuletzt die Sängerin Beyoncé und die nigerianische Autorin Chimamanda Ngozi Adichie. Gloria Steinem und Annie Leibovitz sitzen vielleicht immer noch da und organisieren Podien zu den Bildern von starken Frauen. Zahllose Journalistinnen werden kommen, um die beiden Frauen bei der Arbeit zu porträtieren. Zwischen den beiden haust irgendwo der Geist von Susan Sontag und sieht nach dem Rechten.

In Deutschland irren Aktivistinnen oder Feministinnen noch zu oft wie vereinzelte Planeten umher und halten Einzelvorträge. Es hat sich vieles getan, und doch versuchen zu viele, Thesen in die Welt zu werfen wie ein Steinewerfer seine Steine ins Meer. Dann schauen sie, wie groß die Kreise sind, die so eine These zieht. Ein Feminismus wie ein Erdbeben wird das so nie. Es braucht jede einzelne Geschichte. Jede

Frau muss zu ihrer Geschichte finden. Auch Männer müssen ihre Geschichten von Männern und Männern mit Frauen finden.

Es geht in diesem großen gesellschaftlichen Gespräch darum herauszufinden, was wir geerbt haben, welches Wissen in uns weiterlebt, was wir nachahmen, wie wir uns selbst und andere in Rollen pressen und darin festhalten. Was Geschichte ist. Was Gegenwart. Und natürlich die Versprechen der Zukunft. In der vieles besser werden kann, aber nie muss. Das ist die einzige Gewissheit von Menschen, die um ihre Rechte gekämpft haben.

Jenseits der alten Bilder und Fronten

Warum wir jetzt jede Geschichte brauchen, um zu verstehen

Ich stieß auf die Texte des Psychoanalytikers Arno Gruen, als ich zu verstehen versuchte, was mit den Menschen in Jugoslawien Anfang der Neunzigerjahre geschehen war, als sie nicht nur in den Krieg zogen, sondern strategisch Vergewaltigungen als Mittel der Kriegführung gebrauchten. Was ist es, das Frauen in Zeiten des Krieges mit zu den Schwächsten macht? Ist es nur die physische Unterlegenheit? Hatten diese Männer nicht selbst Frauen und Töchter, in jedem Fall Mütter? Weshalb konnten Männer Frauen in dieser Form verachten? Und wohin geht diese Verachtung in Friedenszeiten?

Die Familie von Arno Gruen war vor dem zerstörerischen Hass der Nationalsozialisten geflohen. Später verbrachte Gruen sein Leben damit, den Hass auf »den Fremden« zu verstehen. In seinem Buch *Der Fremde in uns* legt er eindrucksvoll dar, weshalb der gehasste Fremde immer auch wir selbst sind: Selbsthass kann sich auf jeden richten. Jeder kann zum Fremden werden. Arno Gruens Stimme fehlt heute, zu wenige denken darüber nach, wie das Zusammenleben im Kleinen gestaltet sein muss, damit es im Großen gelingt. Gruen wusste das gesellschaftliche Versagen zurückzuführen auf Liebe im Einzelnen. Auf fehlende Liebe und fehlgeleitete Liebe.

Einmal durfte ich Gruen bei einem Vortrag erleben. Da erzählte er davon, wie es war, als Therapeut vor einem Mörder zu sitzen, der anderen den Hals aufschneiden könne wie ein normaler Mensch eine Salami. Und Empathie für diesen Mörder zu empfinden. All die Gräueltaten, die Härte, der Hass in Menschen – Gruen hat sie zu ergründen versucht. Er hat in zerstörte Seelen geblickt. Am Ende der Veranstaltung stellte jemand die Frage, was denn zu tun sei, um solche Abscheulichkeiten in Zukunft zu verhindern. Gruen zögerte nicht lange: Das Gespräch zwischen Männern und Frauen vertiefen. Sich verzweigen. Der Frau Freiräume vom Muttersein schaffen. Dem Mann Freiräume fürs Vatersein.

Die so einfache Antwort eines Mannes, der die radikalsten Formen der Empathielosigkeit der menschlichen Zivilisation studiert und therapiert hatte. Aus der Liebe zwischen Mann und Frau erwachse letztlich alles: die Liebe zum Kind. Die Bindung des Mannes ans Leben statt an die Zerstörung. Heute gilt es natürlich auch, dies von den biologischen Geschlechtern zu entkoppeln. Es geht um Liebende an sich. Es geht aber auch um die klassischen Rollen von Mann und Frau.

Persönliche Erzählungen sind ein Weg
zur Empathie – anders als abstrakte Argumente

Das Grauen heute ist kälter. Wer tötet, muss seinen Opfern nicht zwingend gegenüberstehen. Wer tötet, kann das heute »zivilisiert« tun. Per Unterlassung, Knopfdruck oder Dekret. Arno Gruen kritisierte das abstrakte Denken, weil es unsere Fähigkeit zur Empathie unter sich begräbt. Und was ist aus dem Gespräch zwischen Mann und Frau geworden, in dem er die Grundlage für alles sah? Einerseits ist die Frauenbewegung eine der erfolgreichsten Menschenrechtsbewegungen. Andererseits ist da der neue Siegeszug eines faschistischen Denkens, die militärische Aufrüstung, die Wiederkehr des autoritären Mannes an die Macht. Manche klagen, ein zu dominanter Feminismus habe die Männer in die Krise getrieben. Gleichzeitig können Ministerien es sich heute noch leisten, auf Frauen in der eigenen Führungsetage zu verzichten. Männer führen das Gespräch an der Macht weiterhin gerne unter sich.

Wer nicht auf Frauen verzichten kann, ist hingegen das deutsche Verteidigungsministerium: In einer bis dato ungekannten Kampagne rekrutiert es unter Ursula von der Leyen Nachwuchs in Schulen und gewinnt eine noch nie dagewesene Zahl an Minderjährigen – insbesondere Frauen. Ja, es scheint die Frauenbewegung, der Körperkult, der Muskeln stählt, und die Filmindustrie haben Frauen tatsächlich neue Rollenangebote eröffnet: Die jungen Mädchen fühlen sich durch von der Leyens Kampagne angesprochen. Auf die Frage, ob diese Rollenangebote wirkliche Neuerungen für die Frauen bedeuten, werde ich später noch einmal eingehen. Absurd ist, dass weibliche Gleichstellung im Militär eher realisiert wird als in deutschen Vorständen. Wäre es zu gewagt, wenn ich sage: Frauen gebären jetzt in aller Öffentlichkeit den Mann in sich zu Ende? Doch wo sind die Räume, in denen der Mann die Frau in sich gebiert? Weil #MeToo in Deutschland nicht in Gang kommt, herrscht – abgesehen von Dieter Wedel – das große Schweigen. Am Männerbild ändert sich wenig. Die weiblichen Anteile des Mannes werden noch immer zu wenig geliebt. Auch von Frauen.

#MeToo war eine Gelegenheit, um Geschichten zu erzählen. Geschichten sind der Königsweg zur Empathie. Bei #MeToo ging es nie darum, die Frau zum Opfer zu machen oder Männer zu Freiwild. Es ging darum zu zeigen, wie aus Verletzungen eine Stärke erwachsen kann, die Veränderungen bringt. Daraus hätte sich ein Gespräch ergeben können. Über Männer, Frauen, Rollenbilder und Macht. Doch mit der Verletzbarkeit der Frau konnte die Öffentlichkeit hierzulande nicht umgehen.

In Deutschland sieht man in der Anklage zu oft das Verharren in der Opferrolle – doch warum ist gerade hierzulande diese Interpretation so beliebt? Schwächt sie die Frau nicht erneut, selbst dann, wenn sie sich ihre Geschichte aneignet und etwas damit ausrichten möchte? Das Empowerment im Sinne des »finding your voice« wird hier lieber als »Betroffenheitsprosa« abgetan – als gäbe die einzelne Geschichte nicht Auskunft über die Gesellschaft, in der wir leben. Im englischsprachigen Raum gibt es eine Tradition des »I confess . . .«. Ich gestehe und sage »ich« dabei. Dieses »Ich« ist kein Argument, es ist der Beginn einer Geschichte. Der eigenen.

Bisher wurde die Chance, über Geschichten miteinander in Verbindung zu treten, nicht oder zu selten ergriffen. Dieser Fehler ist auch allen Menschenrechtsbewegungen derzeit anzukreiden: Sie haben sich dem abstrakten Denken verschrieben. Sie argumentieren mit Statistiken und Gesetzen, mit Daten und Fakten. Sie brauchen Unterstützer, doch kreieren sie Schüler, denen sie Nachhilfe geben in Linguistik und in der akademischen Analyse der Sprache der Macht. Diese Abstraktion ist ein Versuch, die eigene Ohnmacht zu rationalisieren. Sie sagt nicht, wo man selbst steht. So bleibt man letztlich, trotz aller Argumente, unsichtbar. Die Narrationen fehlen. Der Mut zu fühlen und mitzufühlen.

Durch Geschichten kann etwas aufgehen in Menschen, Argumente können das nicht in gleicher Weise bewirken. Natürlich basiert Diskurs auf Argumenten.

Doch ein Gespräch basiert nicht allein auf Diskurs.
Ein Gespräch kommt dann zustande, wenn eine Gesellschaft lernt, auch das Schmerzhafte anzuhören. Im Kleinen wie im Großen.

Das Verwischen der Grenzen –

Warum #MeToo eine klar umrissene Debatte bleiben muss

Ich habe lange gedacht, #MeToo betrifft mich nicht. Weil #MeToo um die Welt ging als Sache der Reichen und Schönen, Frauen, die zurückschlagen in einem Moment, in dem ihr Name längst Marke und Macht geworden ist. #MeToo war jedoch die Erfindung einer schwarzen Frau, Tarana Burke, der Befreiungsschrei unsichtbarer Opfer, deren grausame Alltagsgeschichten kaum Eingang in die Massenmedien fanden. Erst als die Schauspielern Alissa Milano den Hashtag setzte, der die Welt eroberte, erhielten auch die Erfinderinnen Aufmerksamkeit. Erst als die Grande Dames Hollywoods sich hinstellten und in den USA ein Männername nach dem anderen fiel und Männerkarrieren beendet wurden, entwickelte sich aus dem jahrealten Hashtag #MeToo eine größere Bewegung, die inzwischen weit über das Thema sexueller Machtmissbrauch hinausgeht und beinahe zum Platzhalter für die Forderung nach Wandel werden würde. Zu #MeToo kamen #TimesUp. Spendengalas, Fonds wurden eingerichtet, die Frauen helfen sollten, vor Gericht ihr Recht zu erstreiten.

Doch kaum wurde #MeToo groß, schrieben ich und viele andere Frauen wie ich: #MeToo darf bloß nicht zum Einfallstor für Hashtag-Justiz werden. Nur kein »Prangerism« als Hexenjagd auf Männer. *Ich möchte Ihnen hier eine Position präsentieren, die ich unmittelbar nach #MeToo eingenommen hatte und die ich, als ich mich länger mit dem Thema befasste, nicht aufrechterhalten würde, weil sie mir zeigt, dass auch meine erste Reaktion von tiefem Misstrauen gegen das Weibliche geprägt war.* Seltsamerweise muss das sogenannte schwache Geschlecht vor allem nicht geschützt werden, damit es stark wird. Dabei ist Achtung ihrer Rechte und Mitgefühl kein Schutz, sondern Respekt. Meine Position liest sich dann so. Ich werde gleich im Anschluss erklären, weshalb das so keinen Sinn mehr macht für mich:

Hashtag-Justiz

Mehrere Journalisten der *New York Times*, allen voran Mia Farrows und Woody Allens gemeinsamer Sohn Ronan Farrow, rollten »Die Weinstein-Story« vor der Welt aus und verfolgten sie bis in die Neunziger zurück. Das renommierte Blatt ließ im Anschluss daran betroffene Frauen zu Wort kommen. Mächtige, berühmte Frauen. Dank #MeToo konnten sich im Anschluss an die Veröffentlichungen in der *New York Times* Frauen weltweit über die sozialen Medien das Wort erteilen.

Selten denkt man daran, dass dies über Plattformen geschieht, über die sich junge weiße Männer wie Mark Zuckerberg bereichern und Macht gewinnen. So wie böse Zungen die *New York Times* als medialen Inbegriff der weißen männlichen Dominanz beschreiben würden. Diese weißen älteren Männer haben das im 21. Jahrhundert zugelassen. Weshalb wurde die Story nicht vorher gebracht? Und warum muss ausgerechnet George Clooney die Frage stellen: Warum dauerte das alles so lange? Wäre es nicht Aufgabe der Presse, solche Geschichten aufzudecken? Und zwar zeitnah? Wann hat die Presse die Aufgabe, Vergewaltigungen und sexuelle Nötigung zu einer Sache des öffentlichen Interesses zu erklären, und wann nicht? Ist die Belästigung von Leyla Soundso in einem Dorf in Mitteldeutschland, die einem gewalttätigen Chef ausgesetzt ist, für die Presse von derselben Bedeutung? Und selbst wenn sich die Lokalpresse hinter Leyla Soundso stellte, käme ihr in ihrem Ort dieselbe Solidarität entgegen, wie sie die Welt nun den Reichen und Schönen entgegenbringt?

Müsste die Presse nicht Vorverurteilungen ausschließen? Und was geschieht mit dem Missbrauch solcher Solidarität? Was tun mit unwahren Beschuldigungen? Reicht ab jetzt ein Hashtag, um beispielsweise einem unliebsamen Professor unlautere Absichten zu unterstellen? Wird er, wenn unschuldig, diesen Vorwurf je wieder los?

Im Lutherjahr reagierte man auf Bekenntnisse in Deutschland mit einem: Was stehst du hier? Du kannst auch anders!

Frauen müssen darin bestärkt werden, Missbrauch zu benennen und anzuklagen. Gleichzeitig müssen wir alle darüber nachdenken, was diese Form der Hashtag-Justiz mit unserem Zusammenleben macht. Warum haben sich die prominenten Frauen, die nun allesamt Harvey Weinsteins Praxis entlarven, nicht mit einer Art Sammelklage an die US-Justiz gewandt? Es wäre doch ein durchaus ehrenwertes Ziel, über diesen öffentlich diskutierten Extremfall Wege zu finden, wie sich auch für ganz normale Frauen die Chancen erhöhen ließen, ihr Recht zu bekommen!

Bei all den Beschreibungen der Praxis Weinsteins konnte ich mich der Frage nicht erwehren, weshalb diese Alphafrauen nicht gleich »Stopp!« gesagt haben. Ich beschuldige sie nicht. Ich möchte nur, dass diese Möglichkeit zumindest vorstellbar ist, dass ein Frauenbild vermittelt wird, in dem die Frau so einem Straftäter, ganz gleich wie mächtig, eine in die Fresse gibt. Klar, wir können nicht alle Atomic Blonde sein. Und manchmal geht die Gewalt zu weit, kommt zu unerwartet. Da ist dann dieser sprachlos machende Schock in einem Moment des Übergriffs.

Doch in vielen der Geschichten, die nun zu lesen waren, hatten die Frauen noch die Wahl. Eine Wahl zu haben bedeutet auch, sich gegen bestimmte Dinge zu entscheiden. Wenn Weinstein an der Macht ist und ich dieser Macht keinen Einfluss über mich gestatten möchte, dann muss ich zunächst mit den möglichen Konsequenzen leben.

Die Schauspielerin Lupita Nyong'o, bekannt durch »12 Years a Slave«, hat sich gegen Weinstein gewehrt und es später bis zum Oscar geschafft – ohne je wieder mit ihm zusammenzuarbeiten. Es geht. *Wir sehen zu viele Bilder von wehrlosen Frauen. Es gibt viele Archetypen des Weiblichen. Vielleicht haben Frauen sich zu oft als Opfer dargestellt gesehen, um in solchen Momenten anderes Verhalten abrufen zu können.*

#MeToo ist deswegen so stark, weil es aus der Tradition des »I confess …« kommt. Im Gegensatz zum deutschsprachigen Raum wird in den USA die Geschichte eines Menschen als Wahrheit an sich gewürdigt, die Selbstbestärkung und Kraft, die eigene Geschichte zu erzählen, ganz gleich, was einen sprachlos gemacht hat. Obwohl Deutschland Luthers fünfhundert Jahre altes »Hier stehe ich und kann nicht anders« feiert, hält man das heute hierzulande kaum aus.

Die meisten reagieren mit: »Warum stehst du hier? Du kannst auch anders!« Vor allem kannst du den Mund halten, wenn du uns mit unangenehmen Wahrheiten konfrontierst. Daran leidet die Übersetzung des Phänomens nach Deutschland, wo nun Männer mit #HeToo kommen. Oder Männer gefragt werden, wann sie übergriffig waren und wie es ihnen dabei ging. Immer schön die Täter in den Fokus rücken. Die Stärke der #MeToo-Bewegung ist jedoch, dass Frauen aufstehen und sagen: »Ich rede.« Es geht um das Erzählen des Eigenen.

Mangelnde Solidarität unter Frauen

Diese Debatte, die als Stärkung der sexuellen Selbstbestimmung der Frau gedacht ist, sollte keine alten Gräben aufreißen. Im Gegenteil. Viele Männer heutzutage wissen, dass sie auch Töchter haben und ihre Töchter von dieser Debatte betroffen sind. Viele Männer sind so weit, dass sie eine gleichberechtigte Partnerin lieben und nicht eine treue Ehefrau haben und Geliebte, die man absägen kann, wenn sie zu viel fordern. Viele Männer arbeiten inzwischen mit Frauen auf Augenhöhe und sind wertvolle Kollegen. Viele Männer sind großartige Chefs und bieten emanzipierten Frauen Stellen. Oder sie arbeiten für eine Frau. Viele Männer sind selbst Opfer sexuellen Missbrauchs. All diese Männer müssen und können Frauen als Partner sehen.

Die meisten Fälle, die unter #MeToo bekannt wurden, fanden in beruflichen Kontexten statt. Kontexte also, in denen die Macht oft bei Männern liegt und unter Frauen wenig Solidarität herrscht. Mangelnde Solidarität unter Frauen, die Erfolg haben, ist ein Grund, weshalb Männer an der Macht es oft so leicht haben, den Kuchen unter sich aufzuteilen. Auch dahingehend ist #MeToo vielleicht der Anfang von etwas Besserem. Das wird es jedoch nur sein, wenn wir differenzieren lernen.

Es gibt eine Sphäre zwischen Mann und Frau, zwischen Menschen, gleich welcher sexuellen Orientierung, die geheimnisvoll ist, in der beide, frei nach Büchner, »Dünnhäuter« sind. Diese Debatte über sexuelle Selbstbestimmung sollte jetzt nicht wie eine Walze über all jene Momente rollen, in denen auch Erotik oder sexuelle Anziehung ihren Platz haben. Sie verlangt von Männern mehr Feingefühl und Selbstbewusstheit. Von uns Frauen verlangt sie das auch.

Vieles kann ich stehen lassen an diesem Text. Doch woher die Sorge, ich müsse erst sicherstellen, es werde zu keiner Hashtag-Justiz kommen? Warum muss auch ich erst klarstellen, dass ich weiß, dass Frauen nicht nur Engel sein können und man solche Vorwürfe auch gegen Männer missbrauchen kann? Seltsamerweise wurden viele Frauen, die normalerweise für Frauenrechte kämpfen, fast reflexartig auch zu Advokatinnen der gewalttätigen Männer, als wäre da eine

Angst, man könnte Männer mit der Kritik am Machtmissbrauch mächtiger Männer verlieren. *Ich bereue
diesen Text über die Hashtag-Justiz nicht, aber ich frage
mich durchaus, weshalb ich, noch bevor ich es zuließ,
für diese Frauen Empathie zu empfinden, den Männern
ihren Schutz zusichern wollte.* Auch die Philosophin
Isolde Charim schrieb, zum fast gleichen Zeitpunkt
wie ich, von Hashtag-Justiz. Als könnte es Frauen
nicht schnell genug gehen, als wäre da eine tiefe Sorge,
»die Männer« zu verlieren. Im Gegenteil: Es sind sehr
viele Männer interessiert daran, dass Männer wie
Harvey Weinstein bestraft werden. *Der Sänger Seal
ging sogar so weit zu fragen, was denn bitte der Hash-
tag-Pranger für eine Strafe sei. Kann es reichen, dass
ein Mann seinen Job und sein Ansehen verliert, wenn
er eine Frau sexuell missbraucht? Den Job zu verlieren
sei keine Strafe. Eine Strafe sei es, ins Gefängnis zu
müssen dafür. Seal war in diesem Fall der radikalste
Feminist, der sagte, gesellschaftliche Ächtung sei keine
Strafe, mit der man sich freikaufen könne, sexueller
Missbrauch sei nichts, wofür ein Mann sich einfach entschuldigen könne, sondern eine Straftat, die ein Straf-
maß verlangt.*

Wohlbemerkt sprach man damals von Harvey
Weinstein und einer von der *New York Times* breit an-
gelegten Berichterstattung über die Machenschaften
eines der mächtigsten Männer Hollywoods, gegen den
sich jeden Tag eine andere Frau äußern würde. Seals

Argument wurde im deutschen Diskurs nie groß angeführt. Schon gar nicht von Frauen.

Frauen, die Männer überzeugen wollen

Frauen sind es gewohnt, so denken und reden zu müssen, dass sie Männer überzeugen. So wie Minderheiten selten zu ihresgleichen sprechen, sondern immer meinen, der ersehnte Wandel setzte ein, indem die Mehrheitsgesellschaft überzeugt wird. Schließlich liegt die Macht meist bei den (weißen) Männern. Die Deutungshoheit haben immer die anderen, meint man. Man ist abhängig vor deren Unterstützung. Natürlich hat die Möglichkeit, Sexualstraftäter öffentlich anzuprangern, zig Fallstricke von Verleumdungen über Falschanklagen. Doch viel zu schnell, noch bevor man den unzähligen Geschichten, die ans Licht kamen, Empathie entgegenbrachte, verabschiedete man sich von der Chance, die ein Bewusstseinswandel im Alltag jeder Frau bedeuten könnte, die nicht berühmt ist und Missbrauch zu erleiden hat. Ohne lange innezuhalten landeten ich oder Isolde Charim schnell bei der Sorge, der öffentliche Pranger könnte die Justiz ablösen und die Männer verunsichern, das Rechtssystem aushöhlen.

Man könnte auch dagegenhalten: Diese Haltung zeugt von einem tiefem Vertrauen in die Unschuldsvermutung und den Rechtsstaat. Doch die Geschichte um Weinstein zeigt, dass allein mit dem Gesetz dem ungleichen Kräfteverhältnis zwischen den Geschlechtern nicht beizukommen war. Die Mechanismen des Schweigens, der Mitwisser, der Angst der Opfer sind nach wie vor zu mächtig. Vor #MeToo blieb ein großer Teil der Männer, die solchen Anschuldigungen ausgesetzt waren, selbst wenn sie nachgewiesen waren, im Amt. *Der sexuelle Missbrauch war Teil der männlichen Herrschaft, der Schwäche der Männer unter Druck, könnte man meinen. Solche Männer in Schutz zu nehmen, zeigt vielmehr das tiefsitzende Misstrauen vieler Frauen dem eigenen Geschlecht gegenüber.*

Nach #MeToo gab es kaum ein Gespräch – vor allem mit Frauen –, bei dem es nicht am Ende um Karrieresucht von Frauen ging und was sie bereit seien, dafür einzusetzen. Ein Klischee nach dem anderen: die dunkle Verführerin, die Intrigantin, der arme mächtige Mann, der mit sexuellen Reizen nicht umzugehen wisse und das vielleicht falsch verstehe. Eine Frau, die sich in Harvey Weinsteins Hotelzimmer begebe, müsse mit dem Feuer gespielt haben. Eine karrieresüchtige Frau verdiene keinen Opferschutz, wenn sie ihre Körperlichkeit dafür einsetzt. Man müsse sich doch nur die Bilder ansehen! Diese Frauen können nicht mit ihren Reizen so spielen wie diese Schauspielerinnen es getan hätten und schließlich erwarten, man würde nicht als Objekt wahrgenommen.

Was selten gesagt wird: *Selbst ein Subjekt, das sich als Objekt inszeniert, verliert nicht das Recht auf sexuelle Selbstbestimmung. Nur, weil ein Mann das Objekt als solches in den Vordergrund stellt, darf er den Menschen nicht in seiner Autonomie verletzen.* Im krassesten Fall nahmen Frauen Weinstein deshalb in Schutz, weil die Frauen, die ihn nun beschuldigt hatten, durch die Zusammenarbeit mit ihm berühmt geworden waren. Man übersieht, dass es für viele kaum einen Weg an ihm vorbei gab. Man vergisst, dass ein Anruf von Weinstein reichte, um eine Karriere für immer ins Abseits zu befördern. Man vergisst, was es bedeutet, wenn dein Talent nur dann verwirklich werden kann, wenn es sich im Spielraum eines Medienmoguls durchsetzen kann, der die Spielregeln nach seinem Geschmack setzen möchte. Und Harvey Weinstein war ein klarer Fall an ausgeübter Brutalität. Sein Fall wird nun gerichtlich entschieden. Doch selbst dann, wenn es vor Gericht geht, gibt es Frauen, die Frauen beschuldigen, sich ihm angeboten zu haben, um Karriere zu machen.

Diese Frauen wollten Ruhm, den nun einmal Männer schaffen, für so etwas müsse man schließlich schon die ein oder andere Vergewaltigung akzeptieren. Oder: Sie hat ja auch schon freiwillig mit ihm geschlafen! Mit diesem Argument bräuchte es kein Gesetz gegen Vergewaltigung in der Ehe. Bei den Schauspielerinnen, die Weinstein anklagten, stand oft die Fehlerhaftigkeiten der Frauen im Vordergrund. (Wollte die sich nicht hochschlafen? Wie kann man auch in ein Hotelzimmer gehen und nicht klar wissen, was der wollen wird?) Frauen, die durch Weinstein Karriere gemacht haben, schienen in der Wahrnehmung vieler anderer – auch Frauen – ihr Grundrecht auf sexuelle Selbstbestimmung verloren zu haben. Weinstein hatte als Produzent den Körper der Schauspielerinnen mit erworben. Von der Selbstentfremdung der Frauen, die bereit wären, in diesem kapitalistischen Spiel den Körper anzubieten, war ebenfalls keine Rede.

Ein Grundmisstrauen gegen das Weibliche

Selbst wenn diese Frauen aus Berechnung die Nähe von Weinstein suchten, weshalb fragen so wenige nach dem Kräfteverhältnis in einer Filmbranche, die Frauen kaum in der Rolle der Produzentin oder Regisseurin kennt? Gesetzt den Fall, es gäbe Frauen, die meinen, diese Kalkulation sei nötig, um Karriere zu machen. Sie entscheiden einerseits – vielleicht sogar selbstbewusst –, ihre Körper einzusetzen in einem Spiel um Besetzungen. Doch schon die Notwendigkeit, sich nur als Objekt inszenieren zu müssen, um sich beruflich verwirklichen zu können, ist die Kapitulation vor jeder Selbstbestimmung, selbst wenn die Frau so wirkt, als würde sie sich nehmen, was sie wollte. Wenn solche Frauen sexuellen Machtmissbrauch erfahren, verbuchen das viele als eigenes Verschulden. Es gibt hier jedoch kein Verschulden der Opfer. Vielleicht gibt es einen Mangel an Abwehrmechanismen. Ein Fehlen an Kraft im richtigen Moment. Ein Fehlen von Netzwerken, die sich sicher auf die eigene Seite stellen werden. Aber wer diesen Mangel anprangert, der wirbt im Grunde für #MeToo. Denn die Bewegung will genau das verändern: Wenn eine Frau erzählt, wird erst einmal zugehört.

Harvey Weinstein ist inzwischen wegen mehrfacher Vergewaltigung angeklagt. Selbst das hat das Bild der Frauen, die ihre Körper missbrauchen, um ihre Karrieren voranzubringen, nicht entkräftet. Der Archetyp der Frau, deren Reizen der Mann zum Opfer fällt, ist viel zu präsent. Schnell heißt es, die Reichen und Schönen seien es auch nicht, die man schützen müsse, es sei unerhört, wie sehr die Reichen und Privilegierten #MeToo kooptiert hätten. Das Ganze sei vor allem wichtig für die Unterprivilegierten. Ich sehe hier kein Entweder-Oder. Es handelt sich immer um das Bild der Frau, die ein Mann meint benutzen zu können, um seine Überlegenheit zu spüren. Manchmal hat er nominell Macht über sie, vor allem beruflich. Manchmal sichert er sich so seine Macht über sie, das oft privat. Die traumatisierte Frau kann sich ein Aggressor leichter hörig machen.

Natürlich, Frauen sind keine Gemeinschaft von Ähnlichen. Nur weil wir das gleiche Geschlecht haben, heißt das noch lange nicht, dass uns nicht noch mehr ungleiche Aspekte voneinander trennen. *Doch bestehende Strukturen machen eine Gruppe aus uns Frauen, die unter dem Aspekt Frau einige ähnliche Erfahrungen machen werden. Sicher, es wird Ausnahmen geben, Urkräfte, doch die Regel, der große gemeinsame Nenner, wird eine gemeinsame Erfahrungsbasis sein, die nur mit dem eigenen Frausein zu tun hat.*

Auch der Blick mancher Männer macht uns zu einer Gemeinschaft von Ähnlichen. Umso wichtiger ist es, auch darüber nachzudenken, wie Frauen von Männern gesehen werden wollen. Wie Frauen von Frauen gesehen werden wollen. Viele Frauen blicken auf sich selbst wie alte Mythen über Frauen erzählt werden: die Verführerin, die Hure, die Sünderin. Man wendet sich lieber gegen die eigene Gruppe, so ist man auf der Seite der Mächtigeren, sichert sich ihre Komplizenschaft. Als zuletzt in den USA Christine Blasey Ford gegen Trumps Wunschrichter Kavanaugh aussagte, verhinderte ihre Aussage weder seine Nominierung noch beschädigte Dr. Ford sein Ansehen nachhaltig. Kavanaugh ist zum Verfassungsrichter ernannt worden. Dr. Ford hingegen ist aus dem öffentlichen Leben verschwunden, als hätte sie nichts für ihr Land geleistet. Stattdessen musste sie aufgrund von Morddrohungen mehrfach umziehen. Eine Frau, die es wagt, den Mann öffentlich zu »schänden«, scheint für einige einen rechtsfreien Raum zu betreten. Die

Selbstjustiz jener, die nun Blasey Ford mit Mord drohen und ihr das Leben zur Hölle machen, ist nicht annähernd so oft Thema von Empörung wie die Angst vor Hashtag-Justiz das war. Um das öffentliche Ansehen des Mannes sorgt man sich eben, weil der öffentliche Raum sein naturgemäßes Wirkungsfeld ist. Die Frau war nicht eingeladen auf diese Party, also darf sie bestraft werden, wenn sie sich selbst einlädt. Das ist die Realität in einer westlichen Demokratie wie den USA. Im 21. Jahrhundert.

Zum einen zeigen sich hier archaische Muster in der Wahrnehmung von Frauen. Es zeigt sich darüber hinaus ein Wandel: Frauen, die es wichtiger finden, anzuklagen statt um Bestätigung zu werben. Schon droht man ihnen: So, als Kämpferinnen, könnten euch die Männer auf eurer emanzipatorischen Reise verlorengehen. Was, wenn Männer von heute keine Heldinnen brauchen? Jede Emanzipation der Frau wird gemessen an der Fähigkeit der Männer, diese Frauen auszuhalten. Sie ist kein Wert an sich. Der Mann sollte sie befürworten. Als seien die Männer der Geschichte nach eine vom Aussterben bedrohte Spezies, die bei zu viel weiblicher Stärke verschwindet. Da sind plötzlich Bilder einer Superfrau im Umlauf, die jeden Mann im Handumdrehen kleinzukriegen wüsste, auch das alte Stereotyp. #MeToo nichts als eine Drohung im Geschlechterkampf?

#MeToo öffnet die Debatte,
und muss doch präzise sein

In den Monaten nach #MeToo ist alles Erdenkliche unter #MeToo zu einem gefährlichen Cocktail verpanscht worden: jede Gender Pay Gap, jede Preisverleihung, bei der die Frauen bedauerlicherweise fehlten, jeder ungewollte Annäherungsversuch. Als wäre alles einfacher, als reale Namen zu nennen und Ereignisse öffentlich zu machen. Woher die deutsche Angst vor einem Calling Out, wie man im anglosächsischen Raum den Vorgang nennt, den Täter beim Namen zu nennen? Woher die Unart, die Möglichkeit von Opfern, sich durch die Erzählung ihres Erlebnisses freizusprechen, wieder zu Opfern zu erklären? Weshalb braucht der deutsche Diskurs als Gegenmanifest ein Buch, das sich »Die potente Frau« nennt, als wäre ein Opfer nicht potent und potenter aufgrund der Überlebensstrategien, den Täter beim Namen zu nennen? *Ist die verletzbare Frau für die Öffentlichkeit überhaupt erträglich – oder wieso reagieren so viele statt mit Empathie eher so, als wäre sie eine Zumutung?*

Ich habe es längst zugegeben: Auch ich habe den Feminismus nie für meine Sache gehalten. Lange hielt ich dieses unangenehme Fordern für die Sache von Alice Schwarzer, die von Akademikerinnen und später von hashtagbegabten Campaignerinnen, die ihre

Anliegen ruhig und eloquent, akademisch versiert vorzubringen wussten.

Doch es kommt der unerwartete Moment, in dem einem Strukturen das eigene Geschlecht widerspiegelt, wo man selbst noch dachte, es spiele hier nicht die geringste Rolle. Es kommt der Moment, da steht man im Berufsleben und bemerkt, dass man bei abendlichen Netzwerktreffen, die oft bis in die späten Abendstunden gehen, mit einer Reihe von Männern sitzt, während die Frauen der Kollegen zu Hause sitzen, Kinder kriegen oder Kinder hüten. *Selbst wenn alle Gleichstellungspolitik dieser Welt auf dem Papier umgesetzt wäre, solange das Berufsheer der Männer eine Armee an Frauen in Reserve hat, die ihnen ein berufliches Junggesellenleben mit Familienanhang ermöglicht, so lange wird es für die Frauen nicht einfacher sein, sich den öffentlichen und beruflichen Raum im selben Maße zu erobern.*

Den Aufstieg der Frauen werden nicht die Frauen allein richten und auch nicht die Frauenquoten. Es wird auch der Mann richten, der seine Frau stehen kann. Und ein Berufsleben, das in beiden Geschlechtern noch Menschen sieht und nicht Selbstverwirklichungsmaschinen. Wenn die Frau im Berufsalltag etwas Bedeutendes ausrichten kann, dann vor allem eins: den Arbeitsmarkt und die Arbeitsweise zu revolutionieren. Bislang gibt es leichte positive Veränderungen, wenn Frauen führen, doch es gibt keinen grundlegenden kulturellen Wandel der Arbeitswelt, der mit mehr Frauen im Berufsleben eingesetzt hätte. Im Gegenteil: Die Selbstoptimierung der Frau gleicht zunehmend jener der Männer: optimal für den Arbeitsmarkt.

Aus diesem Grund schrecken noch viele deutsche Frauen davor zurück, sich den Arbeitsmarkt anders zu erobern. Sie meinen, sie suchen sinnhafte Arbeit, dabei wollen sie sinnlose Arbeitsprozesse zugunsten von Leben vermeiden. Statt diesen Raum zu betreten und ein humaneres Arbeitsleben für beide Geschlechter zu fordern, ziehen viele sich zurück. Deutschland hat jedoch noch immer ein Beziehungsverständnis, in dem die Frau angehalten ist, den Mann nicht nach Hause zu zitieren, wenn er zu arbeiten hat. Ehegattensplitting und Halbzeitjobs haben das Ihre getan: Spätestens ab dem zweiten Kind gilt der Vater als Hauptversorger, und Mama arbeitet für die Selbstverwirklichung oder weil Papas Gehalt nicht ganz reicht. Wenn Männer so viel verdienen, dass es reicht, haben Frauen schlechte Karten, das Ihre zu fordern oder ihn heim zu bitten. Gleichzeitig haben sie sein Heim noch immer wie ein Nest warm für ihn zu halten. Ein alter Südländer sagte einmal zu mir: »Günter Jauch ist ein ziemlich schlechter Ehemann und Vater: Der hat vier Kinder und sitzt so viele Abende im Fernsehen.« Diese Version von Rabenmutter war mir in Deutschland noch nie für die Männerseite untergekommen.

Gibt es Rabenväter?

Wie viel Präsenz darf man vom Vater erwarten, wenn er die Familie ernährt? Aber ja, warum eigentlich nicht einmal so fragen? Wie viele Rabenväter und Raben-männer hat dieses Land? Und wie viele liebende und unterstützende? Die Debatte um #MeToo wird das Zusammenleben der Geschlechter verändern. Sie wird das Lieben verändern, wie sie unser Verständnis von Männlichkeit und Weiblichkeit verändern wird. Sie sollte allem voran auch die Arbeitswelt verändern und wie diese in die Privatsphäre und das Menschsein zurückwirkt.

Der Moment, in dem #MeToo mich wirklich er-reichte, war jedoch ein ganz anderer. Es war das In-terview von der Kill-Bill-Darstellerin Uma Thurman. Aber das erzähle ich gleich. Natürlich, Uma Thurman hatte ihre Geschichte mit Weinstein, die den ande-ren in nichts nachstand. Doch sie hatte auch ihre Ge-schichte mit Quentin Tarantino – jenem Mann, der sie berühmt gemacht hatte. Diese Geschichte handelt nicht von sexuellem Missbrauch. Sie handelt von dem Moment, in dem er über ihren Körper verfügt, im Namen der Kunst – bis er diesen Körper in der Rea-lität und für immer verletzte. Was Uma Thurman da anprangerte, war der Anspruch der Kreativindustrie, die Autonomie des weiblichen Körpers auszulöschen, ihn völlig zu beanspruchen, gerade dann, wenn er von Männern inszeniert wird, eingesetzt wie »sein« künstlerisches Gut. *Auf die Frage, weshalb Thurman das mit sich hatte machen lassen, antwortete sie: Weil ich diese bewundernde Misshandlung für Liebe hielt. Nichts würde sich ändern, solange Frauen nicht lernten, anders geliebt zu werden, sagte sie.*

Am Ende ihres Interviews hat etwas Klick gemacht. In jenem Moment, in dem Uma Thurman zugab, dass sie 47 Jahre brauchte, um Menschen, die sie schlecht behandeln, nicht als verliebt zu bezeichnen. Es war der erste Moment, in dem ich wirklich empathisch war mit einer der Frauen, die sich in die Bekenntnisse rund um #MeToo einreihten. *Es wird sich alles erst dann ändern, wenn wir Frauen lernen, es nicht für Liebe zu halten, wenn wir schlecht behandelt werden.* Diese Verbindung zwischen Grausamkeit und Liebe ist es, aus der wir herauswachsen müssten in eine neue Ära.

Ich habe also doch etwas mit Feminismus zu tun. Ich fragte mich, ob Frauen sich in diese respektvollen Männer überhaupt verlieben würden? Müssten Frauen nicht – neben der Frage danach, welches Verhalten ihnen das Gefühl gibt, geliebt zu sein – die Frage danach beantworten, wie sie selbst lieben? In einem Theaterstück im Gorki Theater Berlin sagt ein junger Schauspieler sinngemäß: »*Ich wollte das gar nicht, dieses Herumvögeln, dieses Ausgehen, was ich wollte, war ein Mädchen, mit dem ich verbunden bin, aber das wollte man nicht von einem Mann.*«

Was wollen wir voneinander? Was haben wir gelernt und was müssten wir neu lernen, wenn wir eine Bewegung wie #MeToo hinter uns haben, oder besser: Vor uns? Das alles ist erst der Anfang. Schließlich ist #MeToo, mehr als alles andere, der Anfang eines gesellschaftlichen Gesprächs.

Heldinnen aus Männerhand

Welche #MeToo-Geschichte mein Anfang war

Ich will Sie mit zurück in diese Szene mit Uma Thurman nehmen, die Grundlage ihrer #MeToo-Geschichte in der *New York Times* ist. In dieser Szene liegt so vieles verborgen: Frauenbilder, Größenphantasien der Männer. Ich sitze im Wohnzimmer einer WG, und wir reden über Helden des Kinos. Das war im Jahr 2003. »Kill Bill« war gerade angelaufen, und mit ihm war ein Typus Filmheldin geschaffen worden: die blutüberströmte Rächerin. Uma Thurman hing seit »Pulp Fiction« in jeder zweiten WG-Küche von Studierenden, manchmal auch über den Betten junger Männer. Ihre Figur sollte Sinnbild der weiblichen Stärke und ihres Empowerments werden.

»Kill Bill« sollte die neue Filmheldin hervorbringen: »Durchtrainierte blonde Frau im gelben Kampfanzug«. Eine Frau, die zurückschlägt. Gespräche über den Film, und das nicht nur damals, in dieser WG-Nacht, kreisten schon nach wenigen Tagen nur noch um Tarantino. Tarantinos Größenwahn war es, der faszinierte und am meisten die Männer erotisierte. Thurman war das perfekte Objekt, weil sie sich von Tarantino, dem Gottgleichen, hatte erschaffen lassen.

So, wie Männer sie erträumten. Es gelang ihm, eine Frau als Ikone der weiblichen Selbstermächtigung zu vermarkten – und sie dabei so zu inszenieren, dass sie vor allem auch als Onaniervorlage wahrgenommen wurde.

Auf dem roten Teppich wirkte Thurman wie die Muse an der Seite des diabolischen Filmgenies, die Fee in seinen magischen Händen. Die PR-Maschinerie funktionierte. Als wäre es noch immer die größte Adelung für eine talentierte Frau, der Phantasie eines Mannes wert zu sein. Es brauchte einen Mann, um eine Frau zur Heldin zu erheben. So waren die Machtkonstellationen in Hollywood. Thurman war für mich gefallen, noch während sie zur Heldin auserkoren wurde. Sie hatte sich nach Tarantinos frauenverachtenden Wünschen formen lassen, um sein Heldinnenbild zum Leben zu erwecken.

Die Wut von Uma Thurman

Fünfzehn Jahre später: #MeToo. Da Weinstein Produzent des Films gewesen war, warteten viele auch auf Uma Thurmans Geschichte. Doch sie ließ warten, sagte, sie müsse erst ihre Wut loswerden. Als sie in einem Interview mit der *New York Times* ihr Schweigen über Weinstein bricht, möchte sie jedoch gleich einen weiteren Hollywood-Helden fallen sehen:

Quentin Tarantino. Dieser habe für eine Filmsequenz mit ihrem Leben und ihrer Gesundheit gespielt. Es gab eine Filmszene, in der seine Filmheldin mit dem Auto gegen einen Baum rast. Statt ein Double einzusetzen, ließ er die Schrauben am Sitz lockern. Die ahnungslose Thurman setzte sich in den Wagen, fuhr gegen einen Baum, verletzte sich – wirklich. Er wollte Thurman, seine kämpferische Filmheldin, wehrlos in seinen Händen.

Erst fünfzehn Jahre später bekommt Thurman die Drehsequenz, die ihre Aussagen belegen, ausgehändigt. Knie und Nacken haben sich nie von diesem Unfall erholt. Sie ließ damals ihren Regie-Helden nicht fallen, stattdessen fühlte sie sich wie »ein kaputtes Werkzeug«.

Wer wäre Thurman ohne Tarantino? In die erste Reihe des Kinos gelangte er mit Männerphantasien, die Frauen auf Hunderte von Arten an Windschutzscheiben zerschmettern ließen wie Schmeißfliegen. Der Erfolg blieb nicht aus. Mit Uma Thurman wollte er die Frau aus der Opferrolle befreien und ließ sich dafür als Held feiern.

Tarantino hätte schließlich jede sexy Frau besetzen können, er hatte aus Salma Hayek einen Weltstar gemacht. Sein Genie war einmalig, während die Frauen Mittel zum Zweck waren. So redeten damals auch die Männer in der WG. Schöne Frauen würden alles tun, was er wollte, um die weibliche Selbstermächtigung zu spielen, die Tarantino meinte. Die Heldengeschichte eines Mannes.

Dann ist es 2018. Ein Mann nach dem anderen tritt zurück, nicht nur im Filmbereich, auch beispielsweise der Stardirigent James Levine. In den USA fallen Namen und Posten, hierzulande ist man zögerlich mit Namen und Geschichten. Es ist, als würde man den Frauen #MeToo vor allem deshalb übelnehmen, weil sie »den Mann« verunsichern könnten. Man möchte die Männer heldenhaft stark und nicht verunsichert.

Mit dem Sturz eines Helden zieht man ein ganzes System in Mitleidenschaft: seine Fans und Ermöglicher, seine euphorischen Kritiker. Wenn das System Weinstein in Hollywood weitgehend bekannt war und toleriert wurde, welche Werte liegen dieser vermeintlich zivilisierten Gesellschaft überhaupt zugrunde?

Der nächste Fall: Woody Allen. Einer der wenigen Männer, dessen Frauenfiguren auch Frauen liebten. Diane Keaton – Annie Hall. Allens letzter Film floppte, weil man einen Regisseur am Werk sah, der sich von #MeToo nicht beeindrucken ließ. Sein inzwischen als lüstern wahrgenommener Blick war nicht mehr erträglich. So wie es nicht erträglich ist, dass ein knapp achtzigjähriger Regisseur noch vital genug sein möchte, jährlich seine Filme zu präsentieren – aber schon eine Kate Winslet in ihren Vierzigern auf Rollen der alternden, frustrierten Frau festnageln möchte.

Es funktioniert nicht mehr, wenn solche Männer sich als Helden präsentieren. Die Öffentlichkeit spiegelt ihnen ihr Heldentum nicht mehr zurück.

Eindimensionales Heldentum ist nicht zeitgemäß

In der heutigen Zeit fallen Helden, weil sie zu stark sind, um schwach zu sein. Weil ihr Beharren auf diesem eindimensionalen Heldentum unzeitgemäß ist. Sie haben keine Deutungshoheit mehr über die Erzählbarkeit dieser Welt. Die Zeiten von Odysseus, der in die Abenteuer zog, während Penelope auf ihn wartete, sind vorbei. Sie möchte nicht mehr auf den Mann warten, der ihr von der Welt erzählt.

Lange haben sich die Künste, sei es bildende Kunst, Musik oder Literatur, mit dem männlichen Blick zufriedengegeben. Die Männer haben sich dadurch ein jahrhundertelanges, heldenhaftes Vorrecht auf den öffentlichen Raum gesichert. Für viele wird ihr Heldentum, wenn es seine Macht missbraucht, nun zum Fallstrick. Vielleicht lässt sich dieser Hochmut nur durch den freien Fall beenden. Jäh ist das – und schrecklich für all jene, die darin eine natürliche Weltordnung mit dem männlichen Helden im Mittelpunkt sehen.

Es geht plötzlich nicht mehr nur um den Blick des mächtigen, potenten Mannes. Es reicht nicht mehr, hinter seinem Werk vor allem sich selbst als Teil der Schöpfung zu sehen. Es scheint inzwischen heldenhaft zu sein, den anderen Mensch sein zu lassen. Ihn wirklich zu sehen. Natürlich ist das für die Welt der Fiktionen, die vom Erfinden und Verdichten lebt, kein einfaches Unterfangen. Es braucht jetzt keinen sozialen Realismus, werden viele sagen. *Nur, man merkt plötzlich, wie sehr diese alte Darstellung der Helden und ihrer Musen im Grunde eine Art sozialer Realismus war: Es war die Welt mächtiger Männer. Es war die Welt, in der viele – Männer wie Frauen – meinten, ihr Erfolg hinge davon ab, ob man sich in die Hände der mächtigen Männer begibt und alles aushält.*

Beim Fotoshooting für das Interview in der *New York Times* zeigt Uma Thurman ihr verletztes Gesicht. Eine gefallene Heldin, vergleicht man sie mit ihrem Rachefeldzug in »Kill Bill«. Doch sie sieht sich nicht nur als Opfer, sie schreibt sich auch Schuld zu an diesem System: Sie habe durch ihre Mitwirkung und ihr Schweigen zu der Illusion beigetragen, dass junge Frauen diesen Filmmächten trauen könnten. Ende vierzig hätte sie werden müssen, um zu verstehen, dass einen Menschen, die grausam zu einem sind, nicht lieben. Mädchen seien so konditioniert, Grausamkeit mit Liebe zu verwechseln. Es sei »die Ära, aus der wir herauswachsen müssen«, sagt Thurman.

Nicht alle werden wollen. Die Wenigsten werden müssen. Trump baut an einem neuen Heldentum, das gefährlicher ist als Hollywood. Mit jedem gefallenen Helden wird eines klarer: Sie waren grausame Helden. Sind Helden an sich grausam, oder erzieht das Heldentum die unreflektierte Bewunderung dazu? Nun, nach Jahrhunderten, finden Frauen gerade mit den Geschichten ihrer Verletzlichkeit zu ihrem Heldentum zurück. Das könnte optimistisch stimmen, wenn diese Selbstermächtigung, die endlich eine wirklich weibliche ist, nicht vielen Männern Angst einflößen würde. Weil Männer selbst am besten wissen, wie grausam Helden sein können – vor allem in Zeiten des absoluten Zuspruchs. In Zeiten der totalen Selbstinszenierung und des jederzeit drohenden Shitstorms in den sozialen Medien ist das Heldentum schwieriger geworden denn je. Ein Hashtag reichte, um die Frau in Hollywood neu zu erfinden. Ein Hashtag reicht aus für den freien Fall. Schwierige Zeiten für das Heldentum. Und doch, mehr denn je, brauchte es die Mutigen, die vorangehen, die differenzieren und benennen, die das neue Zeitleiter einleiten, in dem sie es vorleben und andere damit anstecken. Es dürfen und sollen alle mitgehen, die sich angesprochen fühlen. Doch ich schreibe das hier als Frau. Und suche einen Weg, wie wir unser Heldinnentum nun füllen können. SHEROES. Weil diese Reise ins Neue Mut braucht. Mut und Verletzlichkeit.

Ein direkter Feminismus

oder: Sieh! Mich! An!

Frauen sind auf besondere Art verletzlich, das darf der
neue Feminismus nicht leugnen. Er muss laut und wü-
tend sein – und Männer einbeziehen. Eine Schlüssel-
szene für das, was SHEROES leisten können, spielte
sich bei der Nominierung Trumps von Bret Kavanaugh als Richter am Obersten Gerichtshof ab:

Es hätte eine der letzten Amtshandlungen von Senator Jeff Flake werden können: Trumps Wunsch-
kandidaten Brett Kavanaugh zum Verfassungsrichter
zu machen. Trotz der Zeugenaussage von Christine
Blasey Ford gegen ihn. Senator Flake ging den Flur
entlang, trat in den Aufzug, als sich zwei junge Frauen
in die Tür stellten. Knappe fünf Minuten dauert das
Video dieser Konfrontation, die wie ein Kammerspiel
anzusehen ist. Maria Gallagher und Ana Maria Archilla nehmen Flake vor den Augen der Welt gefan-
gen, schleudern ihm all jene Enttäuschungen entgegen, die sich in ihren Körpern aufgestaut haben. Für
einen Moment haben zwei Frauen den Lauf der Dinge
verändert. Und doch letztlich verloren.

Es ist der Beginn eines direkten Feminismus. Nach
Jahrzehnten akademischer Überzeugungsdiskurse,

die sich nicht selten in geschlossenen Kreisen bewegten, wird hier, ganz im Sinne von #Me Too, die Öffentlichkeit bemüht. Die Konfrontation ist fordernd und emotional. Ein mächtiger Mann, in dessen Hand die Entscheidung liegt, wird mit dem wütenden Typus Frau konfrontiert. Ein Archetyp, den man längst abgeschafft haben wollte: Wut sei kein Modus, in dem man erfolgreich um Rechte kämpfe, hieß es lange. Archilla und Gallagher sehen das anders. Denn als Senator Flake, sichtlich überfordert von so viel direkter Demokratie, wegschaut, schreit ihn Gallagher an: »Sieh mich an, wenn ich mit dir rede!« Dieser Satz ist zu deutlich, um siezend übersetzt zu werden. Die Kameras laufen, während in Worte gefasst wird, was Millionen Frauen denken: »Sie werden diesem Mann ohnehin zur Macht verhelfen!« Wie könne Flake als Vater einer Tochter Frauen die Botschaft mitgeben, ihre Erfahrungen zählten nichts? Wenig später geht das Video weltweit viral. Jeff Flakes Stimme wird den Ausschlag dafür geben, eine Untersuchung des Falls Kavanaugh durch das FBI einzuleiten.

Wie so oft: Es sind mehrheitlich Männer, die über Kavanaughs Zukunft entscheiden, weil nach wie vor in den meisten Gremien Männer in der Überzahl sind. Auch im Supreme Court. Eine Studie nach der anderen dokumentiert die Abwesenheit von Frauen und Frauenperspektiven in wichtigen Bereichen der Gesellschaft, doch es gilt als unsexy, Quoten zu fordern.

Nicht alle lassen sich davon beeindrucken. Pünktlich zur Frankfurter Buchmesse 2018 präsentiert das Projekt »#frauenzählen« eine Pilotstudie zur Sichtbarkeit von Frauen in Rezensionen und Literaturkritiken. Das Ergebnis: Autoren und Kritiker dominieren den literarischen Rezensionsbetrieb. In diesem letzten Satz sind Frauen nicht inbegriffen. Zwei Drittel aller Besprechungen würdigen Werke von Männern. Männer schreiben vorwiegend über Männer, mehr Platz haben Männer demnach auch. Wie spalterisch, wie kleinlich, werden manche sagen. Doch kleinlich ist der neue Trend, wenn es um Geschlechtergerechtigkeit geht, denn großzügig waren Frauen gestern, und es hat sie in den meisten Fällen nicht einmal über das untere Drittel an Teilhabe hinausgebracht.

Die Initiative »#frauenzählen« verbindet Statistik und Geschichten: Das Projekt fordert Platz für Frauen. Nur so verändert sich etwas. #MeToo hat die einzelne Geschichte zum Motor der Frauenbewegung erkoren. Maria Gallagher hat im Aufzug zum ersten Mal von ihrem Missbrauchserlebnis gesprochen. Vor laufender Kamera, vor Millionen Fremden, nicht einmal ihre Mutter wusste es. Jetzt oder nie, dachte sie. Gallagher und Archilla werden in die Geschichte der Frauenkämpfe eingehen. So wie Christine Blasey Ford.

Solidarität mit den Opfern

#MeToo kämpft auch um Solidarität, den Opfern soll mehr Vertrauen entgegengebracht werden. Schon stürmen Männer wie Trump die Bühne, um den Vater der Söhne zu spielen. Es ist wieder Mittel der Wahl, sich als Mann aufzublähen, und so verschiebt Trump den Diskurs in Richtung Männeropfer: Es seien »gruselige Zeiten für junge Männer in Amerika, weil sie für etwas schuldig gesprochen werden können, wofür sie keine Schuld tragen«. Maria Gallaghers Mut ist so beispielhaft wie furchteinflößend. Weil sie auf Emotionen gesetzt hat und auf ihre persönliche Geschichte. Sie blickt dem Senator in die Augen, fordert: »Sieh! Mich! An!« Mächtige Männer können nicht länger durchmarschieren, als gäbe es das Weibliche nur auf der Nebenspur des Lebens. Ausgerechnet in jenem Land, das Menschenrechtsbewegungen die Ästhetik und Resonanz der Popkultur ermöglicht hat, werden nun die reaktionärsten Diskurse um sexuelle Selbstbestimmung geführt.

Es sind Zeiten, in denen bei sexuellen Übergriffen auf Frauen lapidar von »grapschen« gesprochen wird, als ginge es um Kirschkernspucken. Um das zu ändern, reicht der bisherige Diskurs nicht mehr aus, es braucht eine tiefgreifende Bewegung. #MeToo ist kaum ein Jahr alt, schon hört man von Verunsicherten, die nicht mehr genau wüssten, wie sie sich verhalten sollen. Das sei nicht entspannt, klagen sie. Es ist Zeit, solche Männer wissen zu lassen, wie wenig entspannt es ist, wenn Frauen bei der Wohnungssuche die Viertel unter dem Aspekt möglicher Vergewaltigungen abklopfen, wie unschön es ist, wenn junge Frauen ihr Studium beginnen und im Park vor dem Wohnheim regelmäßig Frauen angegriffen werden. Es ist auch nicht entspannt, wenn andere Frauen sich mit Tätern solidarisieren und so tun, als sei Selbstbewusstsein ein Schutzschild gegen Sexualdelikte.

Männer sollen sich outen

Der Feminismus hat Frauen jahrzehntelang neue Rollen erstritten, er hat stärkere Selbstbilder angeboten. Das war gut. Der Feminismus heute erinnert wieder daran, wo Verletzbarkeit nicht selbstgewählt ist. *Die Dekonstruktion der Geschlechterrollen hat den weiblichen Körper nicht abgeschafft. Es gibt eine spezifische Verletzbarkeit der Frau. Sie zeigt sich auch im Versuch der Demütigung im öffentlichen Raum.* Das konservative Amerika bemüht sich gerade, den Archetyp Mann zu retten, der seines Mannseins wegen auf alles ein Vorrecht zu haben meint. Es ist eine gute Zeit, neue Verbündete zu suchen. Jene Männer zum Beispiel, die an Frauen denken, die sie lieben, und die deren Demütigung unerträglich fänden. Diese

Männer sollten sich outen. Mit ihnen wäre selbst ein Kavanaugh aufzuhalten. #Me Too könnte von jetzt an heißen: Männer auch. Denn das Trauerspiel, das manche Männer bei solchen Themen medial geboten haben, will für die Zukunft keiner. Doch es gibt sie, die anderen Männer. Es ist Zeit, sie zum Gespräch auf-zufordern.

Mut für was? Alles Quote, oder?

*»How can we concern ourselveles with unreasonable
beauty standards when families are being ripped apart
by deportation? How can we harp about a wage gap
when even men aren't earning enough to live?«*
(Charlotte Shane – No wave feminism)

Das Paradoxe: Wir werden über Quoten reden müssen, weil auch die neuesten Gleichstellungsberichte
zeigen, dass die Aufteilung der Macht weltweit nicht
vorankommt. Wie lässt sich die Welt wirklich verändern? Wie wollen Frauen mit der Tatsache umgehen,
dass Männer in der Berufswelt ebenfalls ausgebeu-
tet werden? Es gibt nicht nur den mächtigen weißen Mann, es gibt den weniger mächtigen weißen
oder schwarzen Facharbeiter, den Mann, der Nacht-
schichten arbeitet, seinen Köper abwirtschaftet. All
das sind Männer, die von Frauen geliebt werden. Es
ist bekannt, wie viele von ihnen im Alter von ihren
Frauen gepflegt werden. Die Sorge um die Unver-
sehrtheit des arbeitenden Mannes ist auch gleichzeitig die Fürsorge für die Pflegearbeit der Frauen.
*Toxische Männlichkeit ist Weitergabe von männlichen
Geschlechterrollen, die Männer in ihrem Mannsein ver-
giften.*

Das Gift, das sie in sich aufstauen, versprühen sie weiter in ihrem Umfeld. Bilder falscher Stärke, die Unfähigkeit zu Tränen, der Zwang zur Überlegenheit. Der Psychoanalytiker Arno Gruen beschreibt, wie toxische Männlichkeit insbesondere dadurch entsteht, dass Männer im Familienleben aus dem Raum der Zärtlichkeit verdrängt werden. Die Liebe zwischen Frau und Mann weicht, oft nach der Geburt des Kindes, einer materiellen Versorgerrolle: Der Mann sorgt für die materiellen Bedingungen des Überlebens, die Frau verschiebt ihr Lieben in den Bereich des Mutterseins. Einmal ist zu bedauern, dass die Frau sich in dem außerfamiliären Leben weniger einbringt, das wäre eine klassische feministische Perspektive. Doch es ist ebenso bedauerlich, den Mann nicht in diesem familiären Liebensdreieck Frau – Mann – Kinder gleichsam fest verankert zu sehen.

Ein Feminismus, der den Dialog zwischen Mann und Frau weiter vergiftet, ist kontraproduktiv. Beiden Geschlechtern muss daran liegen, mehr Menschlichkeit in ihrem Leben und Lieben zu verwirklichen. Bei Frauen heißt das derzeit: Mehr Ich-Räume zu schaffen, bei Männern das Gegenteil: Mehr Wir-Räume.

Der Feminismus derzeit scheitert daran, dass er für Frauen eine differenzierte Wahrnehmung einfordert und gleichzeitig für Männer nur noch ein Schlagwort lässt und somit suggeriert, das Patriarchat hätte es mit allen Männern gleich gut gemeint. Der Feminismus sieht es zu oft nicht als feministisches Problem, wenn Männer früher sterben, wenn ihre Suizid- und Gewaltraten zu hoch sind. Sie sehen zu oft nur die Folgen für die Frau. Diese Kommunikationsebene suggeriert eher Zerstörung statt Verbindung. Dabei ist bekannt, dass jene Länder, die derzeit als Vorzeigeländer der Gleichstellung gelten, es auch deshalb sind, weil führende männliche Politiker sich öffentlich outeten und klarstellten: »Ich bin Feminist!« Die Reaktion der Frauen darauf kann nicht lauten: »Weg mit dir, alter weißer Mann! Wir sprechen für uns selbst.«

Die Dominanz des männlichen Agenda-Settings

In Zeiten, in denen in den Parlamenten der Welt wieder weniger Frauen vertreten sind, geht es darum, Frauen dort sitzen zu sehen, wo zentrale Entscheidungen über das gesellschaftliche Zusammenleben getroffen werden. Es braucht Frauen in Debatten, sie müssen im öffentlichen Raum gehört werden, sie müssen Themen setzen, und es darf keine Dominanz des männlichen Agenda-Settings geben. Es ist peinlich, wenn ein Land wie Deutschland sich immer wieder unter den Schlusslichtern internationaler Rankings in Sachen Gleichstellung findet, obwohl es eines der wohlhabendsten, demokratischsten und sichersten Länder der Welt ist.

Es ist gut, nach Quoten zu rufen, jetzt, da die erste deutsche Kanzlerin sich allmählich aus dem politischen Leben verabschiedet. Doch für SHEROES möchte ich noch eine andere Frage aufwerfen: Weshalb fällt es vielen Frauen so schwer, ihren Platz am Tisch einzunehmen – wie die nur neunundzwanzigjährige Alexandra Ocasio-Cortez es fordert? Und wie behält man sich vor, sobald man seinen Platz am Tisch der Entscheidungen hat, die herrschenden Strukturen zu verändern und nicht Teil der Fortsetzung des Immerselben zu sein?

Die Missstände der heutigen Berufswelt wirken ihrerseits auf Familien und Paare zurück und verlangen von allen eine Anstrengung zur Erneuerung von Rollenbildern. Dafür braucht es jedoch die ökonomischen Bedingungen: Wir haben es mit einem Arbeitsmarkt zu tun, der zunehmend beide Eltern arbeiten lässt, doch die gemeinsam erwirtschaftete Kaufkraft bringt nicht so viel wie früher die des Mannes allein; dies ist eine inakzeptable Ausbeutung beider Geschlechter. Was können SHEROES, Männer und Frauen für eine Veränderung tun? *Jeder vernünftige Mann müsste fordern, dass seine Frau für die gleiche Arbeit genau so viel verdient wie er. Das ist keine Forderung von Frauen für Frauen, sondern eine von Arbeitnehmern.*

Wer nach neuen Rollenbildern sucht, wird nicht umhinkommen, grundsätzlicher über Missstände nachzudenken. Wie können wir Männer, die Frauen gut lieben, mitnehmen? Wie können Männer, die gut lieben, ihre Frauen unterstützen? Feminismus muss eine der progressivsten Bewegungen werden, wenn sie etwas Bedeutendes auslösen möchte. Sie verlangt die ganze Anstrengung – auch der Männer.

Der alltägliche Feminismus ist ein zentraler Bestandteil des Wandels. Es geht um gleiche Teilhabe für Frauen in Vorständen, Parlamenten, Gremien und als Heldinnen in Filmen. Es geht ebenso sehr um die Alltagsheldinnen. Die Frankfurter Soziologin Ute Gerhard betont, dass trotz #MeToo die alten Themen der Benachteiligung noch nicht überwunden sind, im Gegenteil, #MeToo und #Aufschrei würden diesen alten Themen Aufmerksamkeit rauben:

»Die Gesellschaft hat sich nicht in dieser Weise verändert, dass wir eine Partnerschaft auf gleichberechtigter ökonomischer Basis arbeiten und leben können und Kinder haben können. Diese Fragen sind im Augenblick anscheinend stillgestellt, weil der alltägliche Sexismus Frauen in Atem hält und durch die #Aufschrei- und #MeToo-Bewegung mit Recht zur Sprache gekommen ist. Aber die alte Problematik ist ja gar nicht erledigt. Das heißt, wir haben noch sehr viel vor, um wirklich zu erreichen, dass Mann und Frau und alle Menschen, die dazwischen sich orientieren, in Würde und gleichberechtigt leben können.«

Ein besonders beeindruckendes Beispiel einer solchen »guten Liebe« ist die US-Richterin Ruth Bader Ginsburg, insbesondere da sie ihrer Zeit weit voraus war. Ginsburg, Jahrgang 1933, entschiedene Vertreterin des Kampfs um Menschenrechte, positionierte sich klar: *»Ich verlange keine Bevorzugung meines Geschlechts. Ich verlange nur, dass unsere Brüder ihre Füße von unserem Nacken nehmen.«* Ginsburg wurde nach ihrem Examen selbst Opfer zahlreicher geschlechterspezifischer Diskriminierungen: Man bezahlte ihr weniger als Ihren Kollegen, weil sie verheiratet war, nur ein Beispiel. Auf Ginsburg geht, Jahrzehnte später, der Lilly Ledbetter Fair Pay Act von 2009 zurück, der Frauen ermöglichte, auch nach einer bis dahin geltenden Verjährungsfrist wegen ungerechter Bezahlung Klage zu erheben.

Ginsburg spricht trotz ihrer Erfahrungen nicht geringschätzig über Männer. Sie spricht von »unseren Brüdern«. Sie sagt klar, dass Männer uns Frauen das Genick brechen, wenn Männer weiter auf diese Weise ihre Dominanz ausüben. Es bedarf des Wachseins über die Eigenheiten des anderen. Es bedarf des klaren Blicks auf die Missstände und eine unversöhnliche Haltung im Kampf um gleiche Rechte. Um das Zusammenleben voranzubringen, bedarf es trotz dieses Kampfes der Verbundenheit, die liebevoll sagt: Bruder, du stehst mir im Nacken. Und hier ist nicht dein Platz.

Ginsburgs Ehemann, Martin David Ginsburg, war einer der angesehensten Steuerrechtsexperten der USA. Ihre Liebe lebten sie von Beginn an symbiotisch, insbesondere im Geiste. Sie versprachen sich, dasselbe zu studieren, und wählten beide Jura. Er unterstütze sie, selbst dort, wo sie erfolgreicher war als er. Die stereotypischen Reaktionen von Männern, die sich von einer klugen Frau bedroht fühlen, erfüllte er nicht. Im Gegenteil, ihre berufliche Lebensreise zum Obersten Gerichtshof wurde eine seiner größten Missionen.

Die Alltagsarbeit als Hausfrau hingegen war kein Stereotyp, das Ginsburg zu jener Zeit zu erfüllen suchte. Die immer verfügbare Mutter ebenso nicht. Sie folgten dem jeweils anderen beruflich, versprachen sich, nur in Ausnahmefällen nicht zum Abendessen im Haus zu sein, um das Gemeinsame zu schützen. Ginsburg war es, der Bill Clinton 1993 seine Ehefrau Ruth Bader Ginsburg als Richterin für den Obersten Gerichtshof ans Herz legte. Er sah die geistige Kraft seiner Frau und was diese für sein Land tun konnte. Er verzichtete auf ihre alltägliche Seite, die Familie oftmals auf die Leichtigkeit im Haus, weil ihr beruflicher Werdegang eine große Ernsthaftigkeit von ihr verlangte.

Ruth Bader Ginsburg gilt heute als Ikone des Kampfes für Menschenrechte. Im hohen Alter von 85 Jahren hat sie sich zum Ziel gesetzt, Donald Trumps Amtszeit zu überleben. Sie kämpft nun gegen jenen Typus Patriarch, der ihr schon als junger Frau im Weg stand. Für junge Studierende der Rechtswissenschaft ist Ginsburg eine SHEROE: Eine Frau, die das verkörpert, was Frauen sein können, wenn sie ihre Kraft ausleben.

Nichts mehr mit Erotik?

Catherine Deneuve hatte Unterschriften gesammelt. Man solle nun die Männer nicht unter Generalverdacht stellen. Man hört, es gehe heute geradewegs ins Zeitalter des Puritanismus zurück! Eine Frau wie Catherine Deneuve! Männer fühlten sich von ihr in Schutz genommen, Frauen, die Angst hatten, künftig auf ihre Bestätigung verzichten zu müssen, ebenfalls.

Deneuve hat sich inzwischen entschuldigt. Es war ihr nicht in den Sinn gekommen, dass nicht alle Frauen Filmgöttinnen sind, vor denen Männer in Ehrfurcht erstarren, die sie gewähren oder gehen lassen können, die finanziell unabhängig von Männern ihre Entscheidungen treffen können. Frauen, die #MeToo erfunden haben, sind oft am Ende der Wirtschaftskette. Es geht um schwarze Frauen in Arbeiterghettos, die von ihren Männern vergewaltigt werden und die sich diese Männer dennoch als Väter ihrer Kinder erhalten müssen. Kaum etwas ist wahrscheinlicher als die Armut für alleinerziehende Mütter. Der misshandelnde Mann ist somit eine Gefahr für jede Frau, dass er sie in eine scheinbar ausweglose Situation und Gewaltspirale bringen kann. Weicht sie der Gewalt aus, sieht sie sich mit ökonomischen Härten konfrontiert. Für solche Frauen ist #MeToo und somit ein Männerbild, das Grenzen und Empathie kennt, überlebensnotwendig.

Aus diesen überlebensnotwendigen beruflichen und privaten Sphären breitet sich #MeToo nun in Kollegien, Cafégesprächen und Freundschaften aus. Man vermischt gedankenlos sexuelle Gewalt als Machtmissbrauch mit alltäglichen Situationen, in denen Respekt geboten wäre. Das Letztere ist ein Aushandlungsprozess, bei Ersterem gibt es nichts zu verhandeln zwischen Mann und Frau, Vorgesetzen und Angestellten.

Frauen haben ein Recht darauf, nicht als Objekt wahrgenommen zu werden. Sie haben das Recht, Subjekte des Begehrens zu sein statt nur Objekte. Männer müssen lernen, ihre Männlichkeit anders zu demonstrieren als durch die Möglichkeit, Frauen zu beurteilen. Das sinnlose Argument gegen eine Stärkung der weiblichen Autonomie im Zuge der #MeToo-Bewegung ist die Angst vor dem Verlust der Erotik durch #MeToo. Man dürfe jetzt ja keiner Frau mehr ein Kompliment machen. Nichts sei mehr frei zwischen den Geschlechtern.

Das Gegenteil ist der Fall: Dort, wo keine Angst vor Missbrauch herrscht, herrscht Freiheit. Dort, wo die weibliche Phantasie etwas anderes vermag, als sich nur die männliche Phantasie von ihr selbst vorzustellen. Das weibliche Begehren wurde über Jahrhunderte stigmatisiert und kontrolliert. Selbst wenn Catherine

Deneuve von der Freiheit des Spiels zwischen den Geschlechtern spricht, fragt man sich, wie frei ihre Figuren waren im Verhältnis zu dem, was Schauspielerinnen Jahrzehnte später möglich wurde? »La Belle de Jour«? Eine von ihrem Ehemann gelangweilte Frau, die ihr erotisches Intimleben insbesondere durch Tagträume von Demütigung erfährt, bis sie in ein Edelbordell findet. Von dem Mann, der sich in sie verliebt, erfährt sie Gewalt. Bei ihrem Ehemann kann sie ihre intime Erfüllung nicht ausleben. Ein Gefängnis aus Erotik, ein Vexierbild, das zwischen Tagträumen und Realität spielt. Das bürgerliche Leben als Gefängnis. In einem Moment deutet der Film an, weshalb Deneuves Figur sich im Gefängnis befinden könnte: Als Mädchen greift ein Erwachsener Severine unter das Kleid.

Es sind die immerselben Bilder, die Film und Literatur uns Frauen bieten. Die künstlerische Repräsentation von Liebe und Erotik lässt wenige Spielarten zu. Die tausend Gesichter der Geschlechter verschwinden in einem einfachen Rollenangebot dessen, was zwischen Mann und Frau sein darf oder kann.

Es gibt eine Sphäre zwischen Mann und Frau, zwischen Menschen, gleich welcher sexuellen Orientierung, die geheimnisvoll ist. Diese Debatte über sexuelle Selbstbestimmung sollte jetzt nicht wie eine Walze über all jene Momente rollen, in denen auch Erotik oder sexuelle Anziehung ihren Platz haben. Sie

verlangt von Männern mehr Feingefühl und Selbstbewusstheit. Von uns Frauen verlangt sie das auch.

Die neue Ära des Liebens, das Lieben jenseits der
Grausamkeit, wie die Schauspielerin Uma Thurman
das nennt, verlangt eine genauere Wahrnehmung von
beiden Geschlechtern. Sie verlangt Selbstverwirklichung von beiden, jenseits der Spiegelungen. Ein
Ende der Abhängigkeiten. Den Anfang von Bezogen-
heit.

Die Befreiung des Körpers und das neue Regime der Stärke

Das Kino erfindet derzeit die Frau neu. Schauspielerinnen übernehmen zunehmend Rollen, die bisher Männern vorbehalten waren. Nützt uns Frauen das?

Vielleicht wird bald die Frage danach, wer den nächsten James Bond spielt, unkonventionell gelöst und bringt die Frauen ein paar Schritte weiter. Schon lange steht im Raum, die Actionrolle schlechthin einer Frau auf den Leib zu schreiben. Noch nie war das Kino diesem Schritt so nah und die Gesellschaft so bereit dafür: Die Frau wird medial neu erfunden. Es werden ungewöhnliche Frauengeschichten erzählt, andere Seiten der Weiblichkeit auf der großen Leinwand repräsentiert. »Wonder Woman« ist nur der Anfang – wobei es schon schwierig ist, die Worte »Wonder Woman« zu schreiben und danach ernsthaft über die Frau an sich nachzudenken. Doch da ist noch die südafrikanische Oscar-Preisträgerin Charlize Theron, die mit »Atomic Blonde« in Berlin Weltpremiere feierte und die den Erfolg der Actionfrauen an den Kinokassen fortsetzte.

Theron spielt in »Atomic Blonde« die britische MI6-Agentin Lorraine Broughton in Berlin zu Zeiten des Kalten Krieges. MI6 – das ist doch Bond. James

Bond. Ein Filmcharakter, wie er normalerweise auf Männer zugeschnitten ist. Die *New York Times* widmete diesem Phänomen daher die Titelseite und ein großformatiges Porträt auf den Innenseiten. Schon nach den ersten Sätzen ist klar: Das Frauenbild ändert nicht nur die Frau auf der Leinwand. Auch die Schauspielerin selbst sollte diese neuen weiblichen Züge aufweisen können, wenn sie faszinieren will. Vor allem das zerstörerische Etwas. Es geht um den Kampf, das Martialische, das filmische Morden, das, was diese Gesellschaft lange als »das Männliche« dargestellt hat. Im Grunde dürfen die realen Frauen ihren Filmheldinnen in nichts nachstehen. Die Fiktion strahlt ins Leben zurück.

Die Opferrolle hinter sich lassen

Es war höchste Zeit, die Frauen der Filmwelt von der Opferrolle zu erlösen. Inwieweit sie das selbst tun, ist noch offen. Erste Vorboten, dass es bald so weit sein würde und dass Frauen diesen Weg gehen wollen, gab es dieses Jahr beim Filmfestival in Cannes. Die Schauspielerin Jessica Chastain fiel in der vom spanischen Regisseur Pedro Almodóvar geleiteten Jury aus der Rolle der unpolitischen Schauspielerin. Chastain resümierte, sie sei nach zwanzig Filmen in zehn Tagen Jurytätigkeit sehr verstört darüber, wie diese

Welt Frauen sehe. Die weiblichen Charaktere, die sie repräsentiert gesehen hätte, kämen den realen Frauen in ihrem Leben nicht annähernd nahe: »Frauen, die proaktiv sind, ihre eigene Meinung haben, nicht nur auf Männer um sie herum reagieren und ihre eigenen Standpunkte vertreten.« Ihr kurzes Statement ging online viral. Viele andere berühmte Schauspielerinnen klopften ihr über die sozialen Medien auf die Schulter, als hätten sie nur auf den Tag gewartet, an dem es endlich eine sagt. Almodóvar, bekannt als Regisseur, der starke Frauenfiguren in den Mittelpunkt seiner Filme stellt, nickte zustimmend. Mehr Frauengeschichten, von Frauen erzählt, brauche es, schloss Chastain. Das stimmt. Wir werden nie wirklich lernen, wenn wir nicht lernen, die Welt aus vielen Winkeln zu sehen.

Heldinnen auf der großen Leinwand

Unter diesem Aspekt ist das deutsche Fernsehprogramm nicht weit entfernt von den Filmen in Cannes: Die meisten Frauen, die man in Abendfilmen auf dem Bildschirm sieht, wurden misshandelt, werden gerade misshandelt oder werden innerhalb von neunzig Minuten noch misshandelt werden. Gemessen an den Redeanteilen ist die Repräsentation der schweigenden Frau in Filmen ebenfalls beliebt. Erzählt uns das etwas über die Frau in Deutschland im Jahr 2019?

Erzählt es uns etwas über ein Land, das die mächtigste Frau der Welt als Regierungschefin hat? Eine Frau, die alle Rollenangebote, die man Frauen bis dato in der Politik machte, gesprengt hat und die sich auf Nachfrage trotzdem nicht als Feministin bezeichnet, weil andere mehr für das Thema getan hätten? *Die Queen wurde von Helen Mirren gespielt. Margaret Thatcher von Meryl Streep. Wer könnte und würde Angela Merkel spielen? Es gibt viele Geschichten von Frauen, die noch zu erzählen sind.*

Die neue martialische Selbstermächtigung der Frau, wie sie der Film gerade vorlebt, wird daran jedoch nicht viel ändern. Selbst Charlize Theron erklärte den Reiz der Rolle damit, dass hier eine Frau nach den Regeln der Männer spielen müsse. Wir erfahren also, was die Männerwelt für die Frau bedeutet. Diese Bewegung setzt auf Kraft und hat einen neuen Körperkult hervorgerufen. Dieser führt jetzt schon dazu, dass immer mehr Frauen den Yoga- und Pilates-Kult hinter sich lassen oder höchstens als Ergänzung zu ihrem harten Muskeltraining sehen. Selbst Schauspielerinnen, die gerade erst Mutter geworden sind, inszenieren in den sozialen Medien den weiblichen Willen, wieder knallhart durchtrainiert auszusehen, am besten nach drei Wochen, spätesten nach nur 52 Tagen. Die Mutterschaft darf keine Spuren hinterlassen am Körper der Frau von heute.

Die Passivität der Frau im Film ist passé, so scheint

es. Ist auch die Fremdbestimmung überwunden? In keinem dieser Filme fehlt die obligatorische Kampf- oder Liebesszene zwischen einer Blondine und einer Dunkelhaarigen. Es ist offensichtlich, welches Publikum Sehnsucht nach solchen Szenen hat. Wie emanzipiert ist die Emanzipation der Frau, wenn sie selbst inmitten ihrer großen Selbstermächtigung im Rahmen der Hollywood-Industrie noch an ihre Playboy-Qualitäten denkt? Ist Lara Croft, nachdem sie von ihren überbordenden Formen erlöst wurde und aussieht wie ein durchtrainiertes Girl-Next-Door, wirklich ein neues weibliches Heldinnenangebot an die breite Masse? Wenn nach wie vor die Frau auf der Leinwand vor allem auch Schablone der männlichen erotischen Phantasien ist – ohne dass sie sich selbst oder ihn überraschen könnte, mit einem Frausein, dass weder er noch sie erwartet haben? Wenn die Frauen, die sie bewundern, es vor allem auch deshalb tun, weil Männer sie so bewundern würden?

Die Suche nach dem Weiblichen

Es ist, als ob die Selbstverortung der Frau, das Finden und Suchen des eigentlich Weiblichen, erst dann beginnen kann, wenn wir alle männlichen Rollen einmal durchgespielt haben. Wenn Emanzipation nicht mehr nur bedeuten kann, dass auch wir nun kämpfen, morden und Krieg führen können – wie Männer. Warum sollte die neue Stärke der Frau gekoppelt sein an alte physische Heldenmythen des Mannes? Es ist Zeit, dass Frauen und all jene, die Frauenfiguren erfinden, die Frauen von diesem stereotypen Diktat befreien, denn was hier erfunden wird, ist weder neue Männlichkeit noch Weiblichkeit, sondern der konsumierende Mann und die konsumierende Frau. Zeit, dass wir frei sind von dem Ziel, alles, was männlich ist, auch zu dürfen, und die Befreiung von alten Rollenbildern nutzen, um wirklich neue zu erfinden. Vielleicht gäbe es auch den Männern die Gelegenheit, ihre Rollen neu zu denken. Wie soll man über die Frau reden? Wie über sie schreiben und wie eine Frauenrolle erfinden, die Menschen ins Kino bringt? *Es sieht so aus, als werde die Frau derzeit von vielen Seiten neu gedacht. Offen bleibt, ob sie diesen Moment nutzt, sich wirklich neu zu erfinden.*

Was will die Feministin vom Lippenstift?

Lippenstift-Feminismus, geht das? Muss ich wirklich in hohen Absätzen durch Buchmessehallen stolzieren, wenn ich als Autorin Themen vertrete, die Frauen voranbringen sollen? Man dürfe, wenn man es ernst meint, nicht ständig den Eindruck erwecken, man sei auf einem Hochzeitsmarkt. Oder gefallsüchtig.

Frauen können ihre Rechte ebenso sehr lieben wie ihre Schönheit. Oder das In-Szene-Setzen ihres Körpers. Weshalb sind es oft andere Frauen, die meinen, mit diesem Auftreten dienen sich Frauen der Sache der Männer an? Darf man nicht so durch den Tag gehen, wie es einem gefällt, nur, weil es auch einem Mann gefallen könnte? Oder ist es doch ein Kreuz des Feminismus, dass Frau sich selbst oft so gefällt, wie sie auch einem Mann gefallen könnte?

Schönheit, Maske und Feminismus sind insbesondere in Deutschland schwer zusammenzubringen. Wer sein Aussehen in irgendeiner Form kapitalisiert, verrät die Sache der Frauen. Die Freude an Mode, die Idee, auch Frauen, die ihren Körper inszenieren und ihre Verletzlichkeit nutzen, um Beschützerinstinkte zu wecken, ist vielen noch immer fremd. Alice Schwarzer schrieb einmal in einer sehr eindrucksvollen Erinnerung an Romy Schneider, wie sehr sie bedauerte, es versäumt zu haben, eines zu sagen: Wie viel Kraft in ihrer Sissi zu sehen war. Überhaupt, Kraft und Eigensinn in einer Hülle, die andere mit Schönheit assoziieren, ist für viele schwer erträglich. Beyoncé als Feministin? Aber inszeniert sie nicht permanent aggressive Weiblichkeit in einer Art, wie sie Männern gefällt? Es gibt ein Spannungsverhältnis innerhalb dieser inszenierten Emanzipation, die eine Form von Feminismus ist und sein will. Beyoncé ist eine SHEROE. Die Reise zu ihrer Weiblichkeit hat sie gleichzeitig maximal kapitalisiert. Dient sie sich damit an – oder ermöglicht sie anderen Frauen, selbstbestimmt ihren Weg zu gehen?

Beyoncé ist unumstritten eine Vorreiterin in einer männerdominierten Branche, die bis dato Frauen inszenierte. Die Art und Weise, wie sie ihren Weg in der Musikindustrie gegangen ist, lässt sich gleichsetzen mit Emanzipation. Doch sie wirft Fragen darüber auf, wie weibliche Autonomie zu haben ist, im kommerziellen Zeitalter, in dem *sex sells* regiert. Erinnert man sich an Joan Baez oder Joni Mitchell, so reichte Frauen vor wenigen Jahrzehnten eine Gesangsstimme, eine Gitarre und eine gewisse Aura für eine Weltkarriere. Heute braucht es die Ausstellung sämtlicher Körperteile, Tanzfreude, Entertainmentfähigkeiten und eine glamouröse Garderobe. In den sozialen Medien ging ein Bild viral, das Beyoncé im aufwendigen roten

Kleid zeigt, die Haare kunstvoll drapiert, das Gesicht aufwendig geschminkt. Neben ihr stand ein Mann am Mikrophon: Jeanshose, verlottertes T-Shirt, Schnittlauchfrisur und eine Gitarre. Darunter der Kommentar: Was ein Mann tun muss auf der Bühne und was eine Frau.

Einerseits gab es Künstler wie Michael Jackson oder David Bowie, das Spiel mit dem Geschlecht, mit Androgynität und Rollen war für die Popindustrie immer schon präsent. Gleichzeitig fordert uns der moderne Pop-Feminismus heraus. Er kommt mit einer neuen Leichtigkeit. Er ist massentauglich und fotogen. Ja, er bietet Frauen neue Rollen an, wie schon das Kino. Und doch: Er erlöst uns nicht zu etwas Neuem. Weder Männer noch Frauen.

Die derzeitigen Frauenbilder inspirieren eine Vielzahl junger Mädchen zu einer neuen ökonomischen Autonomie. Selbstbestimmte Weiblichkeit als Wirtschaftsfaktor. Viele von ihnen richten ihren eignen YouTube-Kanal ein, ihr Berufswunsch nennt sich Influencerin, sie beherrschen die Selbstvermarktung. Sie können die Behauptung, zu können. Das Modell Geschäftsfrau ist in der Jugend angekommen. Nicht Talent und die Liebe zur Sache zählt, sondern die Möglichkeit, diese Sache schnellstmöglich zu monetarisieren. Das Monetarisieren ist ein Ziel an sich. Diese Entwicklung dient derzeit insbesondere der Kosmetikindustrie, die einen nie geahnten Siegeszug hinter sich hat, seit es das Internet gibt: Obschon die traditionellen großen Marken weite Teile der weiblichen Schönheit über Jahrzehnte definiert und kommerzialisiert haben, bildet sich in den letzten Jahren eine Armee jüngster Konsumentinnen heraus, an die Produkte verkauft werden können. In den USA wächst die Zahl der Jugendlichen, die an die 300 US-Dollar monatlich für Kosmetik ausgeben. Neben Tutorials für Kosmetik beschäftigen sich die Mädchen gerne mit Sport- und Ernährungstipps. Die Einkaufspassagen sind voll mit neu aus dem Boden gestampften Kosmetikmarken, die geschickt mit Hilfe von Influencerinnen ihre Produkte absetzen und althergebrachten Firmen den Rang ablaufen. Dabei ist es nicht ungewöhnlich, dass ein Mädchen für ihr Abschminkritual vor dem Zubettgehen bis zu zehn Produkte braucht, auch, um nicht eines Tages alt zu werden. Die Kosmetikindustrie wächst wie nie zuvor seit ihrer Gründung, die alten Traditionsmarken müssen sich neu einstellen auf den veränderten Markt und die neuen Marketingmaschinerien.

Wie positioniert sich hier ein Feminismus, der sich die Freiheit herausnimmt, auch als Lipstick-Feminismus daherzukommen? Der Autorinnen feiert wie Chimamanda Adichie, die ebenfalls gerne Aspekte ihrer Weiblichkeit durch Schminke betont und für diverse Produkte wirbt?

Auch der Lipstick-Feminismus
muss Lipstick-Kritik üben

Ich bin überzeugt, dass ein erfolgreicher Feminismus auch ökonomische Zusammenhänge entlarven muss: Wer wird durch neue Frauen- und Männerbilder reich? Ist es Zufall, dass nach Jahren, in denen der Kosmetikmarkt nur Frauen als Zielgruppe hatte, Männer zunehmend und erfolgreich angesprochen werden? Welcher Schönheitsbegriff dient einer durchökonomisierten Gesellschaft? Frauen, die sich früh auf Instagram und Influencen einlassen, pervertieren den Traum von der Unabhängigkeit ins Ökonomische. Es wirkt eigenständig, doch nur eine in einer Million wird daraus jenen Ruhm begründen, dem andere blind folgen werden. *Die Selbstausbeutung des Eigenen wird zur Selbstverständlichkeit, die Freizeit von Jugendlichen zur Ich-AG-auf-Probe – dies gilt bis in die letzten Sphären der Intimität. Influencer müssen all das inszenieren, was einmal Leben war.* Natürlich bleibt eine Sphäre des Privaten, so wie eine Form der Schönheit bleibt. Gleichzeitig entwickelt sich eine Doppelbödigkeit des Erlebens jedes Individuums, das selbstverständlich mit einem analogen und digitalen Ich aufwächst. Sie geht einher mit der einer Ökonomisierung des Privaten. Man teilt sein Leben und Inhalte nicht mehr, um sie zu teilen, Empathie zu erfahren, man teilt sie, um einen erhöhten Marktwert zu erreichen, der sich früher oder später monetarisieren lässt. Man teilt nicht das Bild eines schönen Paares, man teilt das Bild seines echten Partners. Das auch dann, wenn ich nicht, wie Weltstars, im Schutz meines Ruhms und Reichtums lebe.

Liebe oder Depression tragen zum Marktwert bei

Sind Partnerinnen und Partner bereit, sich vom anderen vermarkten zu lassen? Im Idealfall spielen beide dasselbe Spiel. *Diese Ausbeutung der Geschlechterverhältnisse zu öffentlichem Entertainment verändert das Zusammenleben der Geschlechter und schafft neue Stereotype.* Frauen beispielsweise hypen zunehmend ihre Erfahrungen von Depressionen und Magersucht als Videobewegung. Was früher in Büchern erfunden wurde (die hysterische Frau), später in Filmen, manifestiert sich jetzt als Real-Life-Bewegung, die man teilen kann. Nichts ist, was nicht digital repräsentiert ist.

Welche Rolle spielen dabei Models wie Cara Delevigne und andere, die offensiv mit ihren Depressionen umgehen? Persönlichkeiten, die durch Reichtum und Ruhm geschützt sind und nur sehr bewusst in Interviews preisgeben, was ihrer Marke dient. Alphafrauen, die immer wieder, vermeintlich offen, die eigenen Verletzlichkeit inszenieren. Und wenig später für TAG Heuer werben. Dabei stehen sie vor einem Löwen, mit androgynem Haarschnitt und dem Slogan: »Don't crack under pressure.«

Über Feminismus und SHEROES von heute nachzudenken heißt vor allem auch, jene Bilder zu entlarven, die Frauen in neue Rollen festschreiben, obgleich sie wie ein Befreiungsschlag daherkommen. Die emanzipierte Sängerin, die nur noch in Männerkleider auftritt, weil die alte Form der Weiblichkeit uns Frauen ein Korsett ist. Eine emanzipierte Frau, die alte Muster des Männlichen übernimmt, die sexuell frei ist. Es wirkt, als hätte diese neue Frau sich von allem abgelöst. Doch während sie und wir mit ihrer sexuellen Identität beschäftigt sind, während medial die Inszenierung neuer weiblicher Rollen und Stärken gefeiert wird, wächst in der westlichen Welt weiterhin die weibliche Armut. Ihr Anteil ist zu 75 % weiblich. In weniger entwickelten Ländern trifft Armut Männer wie Frauen gleichermaßen. Was geschieht in den entwickelten Industrieländern, wenn Frauen abgehängt werden, obgleich sie medial oft als stark und selbstbestimmt dargestellt werden?

Wer SHEROE sein will, muss auch Fragen wie diese stellen. Es ist bekannt, dass Heldinnen auch fallen. Die gefallenen Heldinnen zu lieben, im Moment, in dem sie aufstehen, die Chance zu nutzen, besser aufzustehen, müsste der Weg sein.

Keine bessere Zeit zu lieben

Neue Heldinnen braucht das Land. Ja. Neue Gespräche, neue Helden. Ich bin überzeugt, wir haben es bei all diesen schwierigen Fragen mit einer neuen Form des Heldentums zu tun: ein Heldentum, das Ambivalenz erträgt. Natürlich geht das nicht von null an. Und es wird sich abrupt nichts ändern. Was wir brauchen, ist ein fortdauerndes Gespräch.

Es gibt keine bessere Zeit, zu lieben und geliebt zu werden. Während die alten Rollen das Verhalten der Geschlechter geprägt haben, öffnet das 21. Jahrhundert sich neuen Geschlechtern und Geschlechterrollen. Minderheiten werden zur Speerspitze der Veränderungen.

Wenn es um die Möglichkeit, sich neu zu erfinden, und um neue Bündnisse geht, werden die Minderheiten – die eben nicht Frauen oder Männer sind, oder nicht im klassischen Sinn – zum gesellschaftlichen Katalysator. Die Widerstände, denen diese Minderheiten ausgesetzt sind, zeigen die Schwierigkeiten dieser Gesellschaft im Umgang mit Wandlungsprozessen wie durch ein Brennglas. Die zahlenmäßigen Minderheiten sind in diesem Sinn als Pioniere des Wandels zu verstehen, als jene, die demaskieren, wie sehr die Geschlechterrollen unsere Identität prägen, und nicht das biologische Geschlecht. Der Kampf der Minderheiten um Selbstbestimmung ist ein Anknüpfungspunkt für alle Bewegungen, dem die Autonomie des menschlichen Individuums zugrunde liegt – und die gleichzeitig nur durch Solidarität die Freiheit des Einzelnen gewährleisten können.

Mehr Gemeinsamkeit für mehr individuelle Freiheit. Wie wirkt sich #MeToo in der nicht klassisch heterosexuellen Matrix aus, spielt die Bewegung dort eine Rolle? Was ließe sich hier voneinander lernen?

Die Frauenbewegung setzt seit #MeToo noch stärker auf Selbstpositionierung und Self-Empowerment. Die Gründerinnen von #MeToo, die nicht aus glamourösen Verhältnissen stammen, nutzen die Öffentlichkeit, um für Verständnis, Unterstützung und Geld zu werben. Es gilt, beide Sphären im Blick zu behalten: *Für manche Frauen ist #MeToo tatsächlich eine Frage des Überlebens. Für andere sind die daraus resultierenden Debatten eine Frage des besseren Lebens. Beide Sphären wirken ineinander und beeinflussen den privaten wie öffentlichen Raum, in dem Menschen sich begegnen.* In Zeiten von Trumpismus, in dem immer mehr Länder versuchen, schon von der Regierungsspitze aus einen Backlash im Geschlechterverhältnis auszulösen, bleibt der private Raum die wichtigste Aushandlungszone, um auch im öffentlichen Raum für Gleichberechtigung zu sorgen. Das Individuelle, die Form im privaten Raum, darf nicht unterschätzt werden.

Die Stärkung des Individuums bietet Liebenden eine neue Möglichkeit, auf partnerschaftlicher Ebene auch die Liebe neu zu entdecken. Neue Rollen, die beiden die Möglichkeit lassen, sich im privaten und öffentlichen Leben zu entwickeln.

Ich erinnere mich an den Satz einer Frau über das Scheitern ihrer Ehe: »Ich weiß nicht, was nach der Geburt unserer Kinder einsetzte, aber ich hatte, als ich vor den Traualter trat, nicht gedacht, dass ich ein Unternehmen gründe.« Das Operative reicht in der heutigen Zeit nicht mehr aus, um eine Liebe am Leben zu erhalten. *Früher brauchte es nicht zwingend Liebe, um alles am Laufen zu halten. Partnerschaften hielten dennoch. Heute sucht man nach Liebe, die lebbar und lebendig bleibt – eine Überforderung, mag sein. Doch auch eine Chance, nicht mit einem Menschen alt zu werden, mit dem man nur Rechnungen offen hat. Unter anderem die Rechnung, dass man in einem Ich gehalten wurde, das zu klein war, um ein interessantes Wir zu ermöglichen.*

Die Debatten um #MeToo sind die Chance, das Berufsleben von Grund auf zu verändern. Sie sind die Chance, Männern an der Macht zu zeigen, dass ihre Macht Grenzen haben muss. Macht und #MeToo sind ein untrennbares Duo in dieser Aushandlung. Dabei gilt es, präzise zu sein: Wo geht es um den Machtkampf zwischen den Geschlechtern, um die

Ökonomie der Liebe? Und wo geht es um Machtmissbrauch? All diese Themen bieten im gesellschaftlichen Dialog die Möglichkeit, die Männlichkeit neu zu erfinden. Die Helden von gestern müssen Antihelden werden, damit sich der neue Mann erfinden kann. In der Machtposition. In der Liebe. Den Helden von gestern wollen viele Frauen nicht mehr. Die Chancen stehen gut, dass gerade Männer an diesem neuen weiblichen Desinteresse das größte Interesse haben könnten: *Denn der Held von gestern ist eine Zwangsjacke für den Mann von heute.*

#MeToo ist eine Bewegung, die Frauen Schutz bietet und die Möglichkeit, sich den Rückhalt der Gesellschaft zu sichern. Das alles bietet jedoch auch dem Mann Schutz: Schutz vor den Klischees toxischer Männlichkeit, die ihr Leben und das derer, die sie lieben, vergiften. Deutschland hat #MeToo in weiten Teilen verschlafen, doch was hier noch getan werden kann, sollte getan werden: Frauen lauter reden lassen. Und von den Männern verlangen, dass sie mitreden. Den Schwächeren das Mikrophon hinhalten und die Stärkeren bitten, sich zu setzen und zuzuhören. Im Bewusstsein, wie schnell diese Positionen wechseln können. Es ist eine Chance, neue Bündnisse über alte Grenzen hinweg zu suchen. Es ist die große Chance, sich neu zu erfinden und sein Gegenüber nicht schon zu kennen, bevor er die Chance hatte, zu werden, wer er ist.

Fragezeit für SHEROES

SHEROES ist eine Aufforderung zum Gespräch. Es geht um Frauen – und Männer. Das Miteinander. Es geht um alle Menschen, die über Macht und Missbrauch, Liebe und Selbstbehauptung nachdenken wollen.

Ich habe für Sie noch ein paar Fragen. Wenn Sie Lust haben, das Gespräch weiter zu führen und nicht ohnehin schon genug zu reden haben, fangen Sie doch mit diesen Fragen an. Es sind Fragen aus drei Bereichen: Alltagsleben, Berufsleben und Beziehungsleben. Wobei es natürlich Überschneidungen gibt. Sie müssen keine Reihenfolgen einhalten. Sie dürfen auswählen und weglassen. Oder springen. Wer weiß, wo die Antworten Sie hinführen.

9 Fragen für den Alltag

Unser Heim, unser Herd usw.

1. Wann hatten Sie das Gefühl, der Haushalt sei Ihre Aufgabe? Wer von Ihnen geht davon aus, dass er mit dieser Frage gemeint sein könnte? Wenn nur einer von beiden das tut, warum ist das so? Und seit wann?

2. »Niemand hat mir gesagt, dass Heiraten heißen würde, ein kleines Unternehmen am Laufen zu halten.« Hat diesen Satz ein Mann oder eine Frau gesprochen? Wie begründen Sie Ihre Vermutung?

3. Was denken Sie, wie viel Zeit pro Woche eine Frau für den gemeinsamen Haushalt aufwendet und wie viel ein Mann? In welchen Ländern vermuten Sie ein gerechtes Verhältnis? Wie ist das Verhältnis bei gleichgeschlechtlichen Paaren? Wer wäre jetzt zuständig dafür, das herauszufinden?

4. Wer in der Familie weiß, wo der Impfpass der Kinder ist? Wer macht die Termine und sorgt dafür, dass die Schontage nach dem Arztbesuch eingehalten werden? Falls es immer nur einer von beiden macht, wurde das je hinterfragt?

5. Wenn Eltern alt und krank werden, wer fühlt sich zuständig? Finanziell? Emotional?

6. Halten Sie Ehegattensplitting für eine schützenswerte Einrichtung, und wenn ja, weshalb?

7. Wie viel wird darüber geredet, wer den Haushalt erledigt und wer welche Opfer gebracht hat für das Zusammenleben? Wird, sollte ein Partner aufgehört haben zu arbeiten, von Opfern gesprochen? Wird über den Partner, der beruflich nichts geopfert hat, auch so gesprochen, dass ihm etwas verloren gegangen sein könnte, zum Beispiel einen Partner / eine Partnerin, der / die ein Berufsleben hat? Wird die Situation des Einzelverdieners als zusätzliche Bürde für den Einzelnen gewertet (mehr Verantwortung etc.) oder als Erleichterung für das Gesamte?

8. Wann waren Sie das letzte Mal im Krankenhaus / Pflegeheim / Altenheim und wie viel Zeit haben Sie dort verbracht? Fühlten Sie sich wohl oder war Ihnen der Aufenthalt unangenehm? Haben Sie einen Vorsatz getroffen, wann Sie wieder dort aufkreuzen möchten, falls es jemand Ihnen Nahestehendes ist? Sollten Sie finanziell dafür aufkommen, halten Sie den größten Teil Ihrer Verantwortung für erfüllt?

9. Wenn Sie Kinder haben, wünschen Sie sich, dass die Kinder Ihren eigenen Rollenbildern entsprechen? Wann sind Sie stolz auf Ihre Kinder und wie zeigen Sie das einer Tochter und wie einem Sohn? Erkennen Sie Verhaltensweisen, die Sie schon bei

Ihren Eltern klischeehaft fanden und die Sie dennoch weitergeben, weil es eben so ist? Sind Sie stolz, wenn Ihre Kinder Klischees durchbrechen? Sollte sich eines Ihrer Kinder auf dem Schulhof geprügelt haben, wie fiele Ihre Reaktion bei Ihrem Sohn aus, wie bei Ihrer Tochter? Können Sie sich bei Ihren Kindern entschuldigen, aufrichtig?

18 Fragen für die Berufswelt

1. Erinnern Sie sich, wie Sie das erste Mal von #MeToo gehört haben und was Sie darüber dachten?

2. Wie lange hat es gedauert, bis Sie sich gefragt haben, ob Sie eine Geschichte zu #MeToo beizutragen hätten? Wenn Sie den Gedanken hatten, dachten Sie auch daran, das Erlebnis öffentlich zu machen? Wenn ja, welche Form hätten Sie gewählt? Wenn nein, weshalb würden Sie das nicht tun?

3. Wie lange hat es gedauert, bis Sie sich die Frage stellten, ob es jemanden gibt, der eine solche Geschichte über Sie zu erzählen hätte? Falls ja: Erschraken Sie über die Person, die Möglichkeit, dass Sie etwas einholt oder über sich selbst?

4. Gibt es eine #MeToo Geschichte, die Sie besonders berührt hat? War Ihr erster Impuls, mit den Frauen, die ihre Geschichte erzählten, mitzuempfinden oder hätten Sie sich wohler gefühlt mit der Information, ein Angeprangerter sei angezeigt worden?

5. Wenn Sie mit jemandem als Liebespaar zusammenmenleben, hat das Thema #MeToo Ihre Gespräche erreicht? Wenn ja, wann und weshalb? Wenn nein, weshalb nicht?

6. Wenn Sie eine Führungsposition innehätten,

würden Sie aufgrund der Debatten etwas an Ihrem Führungsverhalten ändern? Gibt es an Ihrem Arbeitsplatz einen Umgang mit dem Thema #MeToo? Haben Sie je sexuellen Missbrauch eines Mächtigeren beobachtet?

7. Wenn Sie sexuellen Missbrauch am Arbeitsplatz gesehen haben, fühlten Sie die Notwendigkeit, sich dazu zu positionieren? Wenn dies noch nie der Fall war, was denken Sie, wie Sie damit umgehen würden? Würden Sie sich zu einem Fehlverhalten positionieren, wenn es Ihnen berufliche Nachteile einbringen könnte, weil z. B. der Vorgesetze sich etwas herausgenommen hat, was ihm nicht zusteht? Sind Sie der Meinung, »das Opfer« müsste sich selbst wehren können? Wenn nicht, an wen sollte sie / er sich wenden?

8. In den Geschichten zu #MeToo handelt es sich um Männer, die ihre Macht missbraucht haben. Glauben Sie, mehr Frauen in Führungspositionen könnten die Arbeitssituation verbessern? Was halten Sie von der Maßnahme, dass in den USA Jobs von Männern, die wegen Vorwürfen der sexuellen Belästigung gekündigt wurden, an Frauen vergeben wurden? Halten Sie diese Maßnahme für gerecht oder gehen Sie davon aus, dass Frauen von nun an solche Vorwürfe benutzen werden, um Männer für ihre eigenen Karrieren aus dem Weg zu schaffen? Wenn Sie Frauen das zutrauen,

welches Frauenbild liegt Ihrer Befürchtung zugrunde? Und meinen Sie, es ist richtig, wenn ein Mann aufgrund seines Fehlverhaltens seinen Job verliert?

9. Wenn ein Kollege seiner Kollegin ein Kompliment macht, ohne anzüglichen Unterton, sehen Sie das als übergriffig an? Wie ist es umgekehrt? Falls nicht, ab wann empfinden Sie ein Kompliment am Arbeitsplatz als unangemessen? Und ab wann hätte es aus Ihrer Sicht mit #MeToo zu tun?

10. Nehmen wir an, Sie haben eine Vorgesetzte, die sich konsequent Bestätigung von ihren männlichen Mitarbeitern erhofft. Wer diese Form der Zusammenarbeit nicht bedient, wird subtil bestraft. Sehen Sie eine solche Vorgesetzte als Argument, sich mit dieser Erfahrung in #MeToo einzureihen? Fühlen Sie sich solidarisch mit Frauen, die von solchen Erfahrungen berichten, oder wenden Sie das eher gegen sie, nach dem Motto: Wir Männer haben es auch schwer? Warum denken Sie dann nicht an einen geschlechterunabhängigen Zusammenschluss der Opfer gegen Täter?

11. Sie haben eine Kollegin, die bewusst mit ihren Reizen spielt, weil sie meint, sich dadurch Vorteile zu verschaffen. Eines Tages hören Sie, diese Kollegin beteiligt sich mit ihren Erfahrungen öffentlich an #MeToo. Wie fällt Ihre Reaktion aus?

Gesetzt den Fall, Sie nehmen Ihre Kollegin in Schutz, weil nichts sexuellen Missbrauch rechtfertigt, aber hören Kolleginnen, die ihr Vorwürfe machen, weil sie sich immer zu offensiv gekleidet hat. Stellen Sie sich hinter die Frau oder möchten Sie sich mit den Kolleginnen nicht anlegen, weil diese als Frauen es ja besser wissen müssen?

12. Sie haben Frauen im Kollegium, die zunehmend Frauenfragen auf den Tisch bringen. Sie finden Theorien über Frauenrechte wichtig, bemerken aber, dass Sie diese in der Praxis nerven und von den Frauen um Sie herum entfremden. Sprechen Sie das an, oder fürchten Sie, in Verruf zu geraten als Frauenfeind? Wenden Sie sich anderen Männern zu, die das ähnlich empfinden?

13. Wenn Sie Ihre Kolleginnen beobachten, sehen Sie da eine kollegiale Art, miteinander umzugehen, oder meinen Sie, die Bündnisse unter Männern funktionieren entspannter? Wurden Sie je von einem Kollegen oder einer Kollegin gleichen Geschlechts angefeindet? Wenn Sie zu einer sexuellen Minderheit gehören und dies am Arbeitsplatz bekannt ist, mit wem können Sie Bündnisse schließen?

14. Ihre Tochter hat erfahren, weshalb Präsident Bill Clinton damals sein Amt verlor. Sie informiert sich daraufhin über Monica Lewinsky, die ungefähr im selben Alter war wie Ihre Tochter jetzt ist,

und spricht das Thema beim Abendessen an. Sie möchte wissen, was Sie von der Geschichte halten. Was antworten Sie?

15. Was denken Sie über die Frauen, die #MeToo ins Rollen gebracht haben? Sehen Sie in ihnen bedrohliche Frauen, die das Gesetz umgehen wollen und meinen, Selbstjustiz üben zu dürfen? Oder sehen Sie Frauen, die um einen Bewusstseinswandel kämpfen, der über das hinausgeht, was die Rechtsprechung derzeit ermöglichen kann? Oder denken Sie gar, dass dieser Bewusstseinswandel die Rechtsprechung verändern könnte? Sehen Sie darin einen Vorteil, im Allgemein? Falls im Allgemeinen kein Vorteil daraus erwächst, wie wäre es im Konkreten: Wenn eine Frau, die Sie lieben, davon profitieren würde, sähen Sie dann einen Vorteil darin? Oder erhöht die Möglichkeit der Frauen, öffentlich Ächtung zu erzeugen durch »calling out« und die Benennung von Missbrauch, grundsätzlich ihr Misstrauen gegen Frauen?

16. Wie schaffen es Männer, durch ihren Erfolg ein Milieu und Klima zu schaffen, in dem sie über den weiblichen Körper meinen verfügen zu können? Was ist Grundvoraussetzung zum Beispiel für den inzwischen in Vergessenheit geratenen Skandal, als Versicherungen meinten, sie könnten ihre Mitarbeiter mit »pleasure trips« belohnen? Was sind das für Geheimbünde für Männer und was

geschieht in diesem Ausschluss von Frauen, bei dem nur käufliche Frauen zugelassen sind?

17. Glauben Sie, dass viele Männer den beruflichen Aufstieg der Frauen als Bedrohung empfinden? Wären Sie eher bereit, Frauen zu unterstützen, wenn sie älter wären und einen großen Teil ihrer Karriere bereits hinter sich hätten, so dass Sie andere Prioritäten setzen? Wirkt für viele junge Männer die aktuelle Situation wie das Vererben der ehemals männlichen Privilegien an die Frau? Empfinden Sie das als Ungerechtigkeit an der jungen Männergeneration, die nun weniger selbstverständlich zum Zug kommt? Bleibt dieser Eindruck bestehen, auch wenn die Statistik zeigt, dass Frauen noch lange nicht angemessen vertreten sind? Ist das die Emanzipation, die Frau sich wünscht? Ist das der Weg, wie Männer weibliche Emanzipation unterstützen würden? Mit welchen Männern wollen Frauen arbeiten? Mit welchen Frauen wollen Männer arbeiten, und wie können Sie damit leben, wenn Frauen Ihnen mehr als ebenbürtig sind?

18. Gehören Sie zu jenen, die meinen, #MeToo gefährde die Erotik zwischen Mann und Frau? Wenn ja, wie begründen Sie das? Wie genau verknüpfen Sie Macht und Missbrauch mit der Erotik zwischen zwei Menschen? Und weshalb?

23 Fragen für das Nachtgespräch

Für Liebende und all jene Menschen, die am Küchentisch noch gerne streiten.

1. Was verstehen Sie unter SHEROES? Glauben Sie, dass auch ein Mann sich als Teil einer solchen Bewegung sehen kann?

2. Was würden Sie als Stärke bezeichnen? In einer Frau? In einem Mann? Gibt es überhaupt Unterschiede?

3. Welche Eigenschaft haben Sie bei Ihren Eltern am ehesten als Stärke betrachtet? Gibt es etwas davon, das Sie unbedingt lernen oder ablegen wollten? Gab es die Formulierungen »zu stark / zu schwach« in Ihrer Kindheit, und wenn ja, worauf bezogen sie sich?

4. Wann bedroht Sie Stärke? In einer Frau? In einem Mann? Zeigen Sie das? Wenn ja, wodurch? Bewerten Sie das? Wenn ja, wie? Suchen Sie die Nähe solcher Menschen oder halten Sie lieber Abstand?

5. Ärgern Sie sich als Mann darüber, wenn ein anderer Mann eine Frau missachtet? Wie würde sich das äußern? Wenn der missachtende Mann sich dabei aufführt, als wäre er dadurch nominiert in der Kategorie »Man of The Year« – was

macht das mit Ihrer Vorstellung von Männlichkeit?

6. Beneiden Sie – als Mann / als Frau – den Mann, der sich aufführt, als hätte er als Mann alle Vorrechte dieser Welt gepachtet? Umgangssprachlich: Wie viel Bewunderung erntet einer von Ihnen, der als Vollarsch auftritt? Wie gehen Sie damit um, wenn er die Bewunderung anderer erntet – gar von jemandem, der Ihnen wichtig ist?

7. Wenn Ihnen eine Frau gefällt, aber offensichtlich stark wirkt, schreckt Sie das zunächst ab oder erzeugt es eher den Wunsch, diese Frau kennenzulernen? Wenn Sie in der Nähe auch ihre Schwächen offenbart, deuten Sie das als eine Facette der Stärke, die nach außen leuchtet, oder deuten Sie diese offensichtliche Stärke dann als Fassade, die Schwäche verbergen soll?

8. Haben Sie als Mann schon den Satz geäußert: Ich will mich nicht verbiegen lassen? Was halten Sie von der Gegenfrage, dass Sie Ihre Partnerin verbiegen könnten, wenn Sie nicht auf sie zugehen? Ist »Nicht-verbiegen-lassen« der Anspruch des Mannes auf Natürlichkeit, wie er sie versteht? Oder ist es die Ausübung von Kontrolle über die Kontrollwut des Gegenübers? Sind Sie bei solchen Gedanken schon mitten in einem Machtspiel oder noch in einer Beziehung? Oder schließt sich das nicht aus? (Geschlechter in dieser Frage beson-

ders wichtig in einer zweiten Runde auszutauschen.)

9. Welche Rolle spielt Macht zwischen Mann und Frau? In der Organisation von Alltag? In Lebensentscheidungen als Familie? In der Sexualität?

10. #MeToo hat zahlreiche Männer ans Licht gezerrt, die ihre Macht missbraucht haben. Auch Frauen missbrauchen ihre Macht, doch anteilig sind derzeit mehr Männer an der Macht. Wie denken Sie über Männer, die ihre Macht ausnutzen, um einen Menschen sexuell zu missbrauchen? Ist es Ihnen nachvollziehbar, wenn jemand sich dadurch mächtig und nicht niederträchtig fühlt? Glauben Sie, das Umfeld ermöglicht solche Reaktionen, wie zum Beispiel: Der Täter erhält Anerkennung für erniedrigendes Gehabe gegenüber anderen? Gilt das eher für Männer oder eher für Frauen, dass man für Rüpelhaftigkeit Anerkennung erhält? Glauben Sie, man könnte dadurch, dass ein solches Verhalten von Beginn an im Privaten auf Ächtung stößt statt gesellschaftlich akzeptiert ist, in den oberen Etagen etwas ausrichten? Wie wirkt sich das Private auf das Öffentliche aus?

11. Würden Sie diesem Satz zustimmen: Frauen werden für Stärke eher verlassen, Männer eher geliebt.

12. Wie sprechen Sie über Frauen: in Anwesenheit von Männern? In Anwesenheit von Frauen? In

gemischten Gruppen? In Anwesenheit von Menschen, die keine hetero-normative sexuelle Orientierung haben?

13. In welcher Umgebung fällen Sie die heftigsten Urteile über Frauen und ihr Äußeres, und was meinen Sie damit zu erreichen?

14. Würden Sie dieser Aussage zustimmen: Ganz gleich, was eine Frau beruflich erreicht, letztlich wird ihr Aussehen beurteil werden? Wenn Sie die Frage bejahen, empfinden Sie das als Missstand? Tragen Sie selbst dazu bei, und können Sie selbst etwas tun?

15. Glauben Sie, dass jeder Mensch Vorbilder wählt, bewusst oder unbewusst? Welche Menschen haben Sie so beeindruckt, dass Sie vielleicht etwas von ihnen nachgeahmt und so zu einem Teil von sich selbst gemacht haben? Gab es da einen Unterschied zwischen Männern und Frauen? Von wie vielen Frauen wurde Ihnen so erzählt (Medien, Schule, Familie), dass sie als Vorbilder dienen konnten?

16. Glauben Sie, dass Frauen Helden von gestern noch attraktiv finden? Wenn ja, wie verändert das Ihr Verhältnis zu Frauen: Sind Sie enttäusch oder erfüllen Sie das Klischee?

17. Fühlen Sie sich von Frauen hintergangen, die gleichberechtige Partnerschaften predigen und einfordern und gleichzeitig auf machohaftes Ge-

habe kokett reagieren? Stellen Sie eine Frau zur Rede, wenn Sie sich von ihr hintergangen fühlen? Beneiden Sie Männer, die nicht auf Frauen eingehen und doch ihre volle Aufmerksamkeit ernten?

18. Wie trennen Sie die Debatten um Macht und #MeToo von den Debatten um Macht und alltäglichem Kampf zwischen Liebenden?

19. Glauben Sie, im 21. Jahrhundert ist es Zeit für einen Mann, der denkt: Zum Glück habe ich eine Frau, die mich von den alten Holzfällerattributen befreit? Wäre der Feminismus dann auch eine Chance für den Mann, sich neu zu erfinden? Neu zu lieben? Besser?

20. Ist Lara Croft, nachdem sie von ihren überbordenden Formen erlöst ist und aussieht wie das durchtrainierte Girl-Next-Door, wirklich ein neues Heldenangebot an die breite Masse? Weshalb ist die neue Stärke der Frau so gekoppelt an alte physische Heldenmythen des kämpfenden Mannes, während man versucht, den Mann von diesen Mythen zu erlösen?

21. Glauben Sie, das Gespräch zwischen den Geschlechtern zerstört die Magie zwischen Mann und Frau? Wenn ja, weshalb kommen Sie zu dem Schluss? Weil Sie die Erfahrung bereits gemacht haben oder weil Sie fürchten, sie zu machen?

22. Gehen Sie davon aus, dass Sie als Liebender das

Beste von sich geben? Wenn Sie finanziell in weiten Teilen für das Familienleben aufkommen, sehen Sie sich in der Verantwortung manchmal isoliert von Ihrer Familie? Sind Sie dadurch emotional weniger verfügbar, nicht zuletzt durch das Weniger an Zeit, das Sie aufbringen können? Wäre es für Sie vorstellbar einzufordern, diese Last zu teilen und mehr Zeit für die Familie zu haben, oder hätten Sie das Gefühl, Ihren Versorger-Pflichten nicht nachzukommen? Wären Sie enttäuscht von sich selbst oder wären es die anderen?

23. Würden Sie dem Satz zustimmen: Es gibt keine bessere Zeit, zu lieben und geliebt zu werden?

Inhalt